Peter Eickhoff

111 Orte am Niederrhein, die man gesehen haben muss

111

emons:

für Annemarie, für Clara

Bibliografische Information der Deutschen Nationalbibliothek
Die Deutsche Nationalbibliothek verzeichnet diese Publikation in der Deutschen Nationalbibliografie; detaillierte bibliografische Daten sind im Internet über http://dnb.d-nb.de abrufbar.

MIX
Papier | Fördert gute Waldnutzung
FSC® C083411
FSC
www.fsc.org

Layout: Editorial Design & Artdirection, Conny Laue, Bochum, nach einem Konzept von Lübbeke | Naumann | Thoben
Kartografie: altancicek.design, www.altancicek.de
Kartenbasisinformationen aus Openstreetmap,
© OpenStreetMap-Mitwirkende, ODbL
Druck und Bindung: CPI – Clausen & Bosse, Leck
Printed in Germany 2023
Erstauflage 2011
ISBN 978-3-7408-1802-9
Überarbeitete Neuauflage 2023

Unser Newsletter informiert Sie
regelmäßig über Neues von emons:
Kostenlos bestellen unter
www.emons-verlag.de

Vorwort

Es ist nicht ganz einfach zu bestimmen, wo der Niederrhein beginnt und wo er endet. Und wie weit reicht er eigentlich? Georg Forster, der mit James Cook die Welt umsegelte und mit Alexander von Humboldt den Rhein bereiste, zählte in seinem 1791 erschienenen Buch »Ansichten vom Niederrhein« Brüssel, Lille, Antwerpen und Amsterdam dazu.

Noch schwieriger ist zu sagen, was der Niederrhein in seinem Wesen ist. Ist er eine Landschaft, eine Kultur, eine Lebensauffassung oder letztendlich eine Möglichkeitsform? Verändert hat er sich schließlich ständig, und nur wenig überdauerte. Kaum noch ein Stein stand vor einem Leben auf dem anderen. Andererseits taucht die Vergangenheit sofort wieder auf, wenn man ein bisschen in der Erde kratzt: in Xanten eine ganze Stadt, die einmal römisch war, in Krefeld die größte bekannte fränkische Nekropole. Die älteste Eisenbahnbrücke Westdeutschlands rostet am Niederrhein vor sich hin, und im ältesten Schallplattenladen Deutschlands wird bis heute die ganze Pop-und Rock-Geschichte konserviert. Überall gibt es Wegkreuze, Kirchen, Kapellen und den meistbesuchten Wallfahrtsort nördlich der Alpen.

Und die niederrheinische Gegenwart? Ski fahren kann man selbst im Sommer. Die Nordsee erreicht man bequem mit dem Fahrrad. Und wenn man nicht aufpasst, wird die Landschaft, in der man gerade steht, weggebaggert, und auch dieses gigantische Loch ist ein europäischer Superlativ. Die Niederrheiner neigen überhaupt zu Extremen: Arnold Janssen, der letzte Heilige, schlief nur unter seinem Schreibtisch oder gar nicht. Joseph Beuys machte aus dem ganz normalen Leben eine »Soziale Plastik«, und der Sammler Karl-Heinrich Müller verschenkte eine Insel voller Kunst.

Was und wie ist der Niederrhein also wirklich? Erfahren Sie es an 111 ungewöhnlichen, neu entdeckten und altvertrauten Orten!

111 Orte

1 Das Schloss Moyland | Bedburg-Hau
Feldherren und Philosophen | 10

2 Die Apsis von Knechtsteden | Dormagen
Hier ist es | 12

3 Die Rheinstraße in Zons | Dormagen
Immer wieder sonntags | 14

4 Der Zonser Grind | Dormagen
Unter den Pappeln der Freiheit | 16

5 Die Horst-Schimanski-Gasse | Duisburg
Zurück zum Tatort | 18

6 Das Landesarchiv NRW | Duisburg
Alles, was bleibt | 20

7 Der Landschaftspark Nord | Duisburg
Schönheit in Stahl | 22

8 Die Mercatorinsel | Duisburg
Allein im Wind | 24

9 Das Museum Küppersmühle | Duisburg
Im Westen was Neues | 26

10 Die Schallplatte | Duisburg
Beat Generation, Rock-Legenden | 28

11 Der Carlsplatz | Düsseldorf
Ein Markt wie kein anderer | 30

12 Die Fortuna-Bude | Düsseldorf
Immer nur Endspiele | 32

13 Die Gehry-Bauten | Düsseldorf
Ganz schön schräg | 34

14 Das Heine Haus | Düsseldorf
Zufällig hier geboren | 36

15 Das »Hosen«-Grab | Düsseldorf
Kein Grund zur Traurigkeit | 38

16 Die Kaiserpfalz | Düsseldorf
Ein Blockbuster der Geschichte | 40

17 Little Tokyo | Düsseldorf
Lost in Translation | 42

18 Die Sammlung Philara | Düsseldorf
Kunst und Leidenschaft | 44

19 Das »Uerige« | Düsseldorf
Das letzte echte Volkstheater | 46

20 Das »Alte Gasthaus Christ« | Emmerich am Rhein
Wie ausgedacht | 48

21 Hoch-Elten | Emmerich am Rhein
Über dem flachen Land | 50

22 Kilometer 852 | Emmerich am Rhein
Am Anfang einer Reise | 52

23 Die Kirche St. Martini | Emmerich am Rhein
Nah am Wasser gebaut | 54

24 Das Steinkreuz | Emmerich am Rhein
Ein perfekt vergessener Mord | 56

25 Die Steprather Mühle | Geldern
Wieder unter Wind | 58

26 Das Arnold-Janssen-Haus | Goch
Der letzte Heilige | 60

27 Das Kloster Graefenthal | Goch
Nichts bleibt! | 62

28 Das Freilichtmuseum | Grefrath
Aus dem richtigen Leben | 64

29 Das Kloster Marienthal | Hamminkeln
Im Windschatten der Moderne | 66

30 Das Begas Haus | Heinsberg
Der andere Blick | 68

31 Der Adolfosee | Hückelhoven
Stilles Wasser | 70

32 Das Haus Esselt | Hünxe
Der Traum des Ruhelosen | 72

33 Die Fleuthkuhlen | Issum
Zwischen Donken und Kendeln | 74

34 Garzweiler | Jüchen
Ende Gelände | 76

35 Der Park von Schloss Dyck | Jüchen
Blaikies englischer Garten | 78

36 Die Dorfkirche von Hanselaer | Kalkar
Im Idealzustand | 80

37 Die Kirche St. Nicolai | Kalkar
Die Wunder aus Holz | 82

38 Der Marktplatz | Kalkar
Gut betucht | 84

39 Das Schifferdenkmal | Kalkar
Alles am Fluss | 86

40 Das Stiftsmuseum in Wissel | Kalkar
Starker Tabak | 88

41 Die Wisseler Dünen | Kalkar
Ohne Meerblick | 90

42 Das Kloster Kamp | Kamp-Lintfort
Gartenlust und Lebensglück | 92

43 »et kemp'sche huus« | Kempen
Die versetzte Vergangenheit | 94

44 Die Kerzenkapelle | Kevelaer
In einer Winternacht | 96

45 Der Britische Ehrenfriedhof | Kleve
Das Schweigen der Gräber | 98

46 Der Cupido der »Beuys-Haltestelle« | Kleve
Männer aus Eisen | 100

47 Die Donsbrügger Mühle | Kleve
Vorsprung durch Technik | 102

48 Die Eisenbahnbrücke von Griethausen | Kleve
Schönheit, die rostet | 104

49 Das Försterdenkmal | Kleve
Nach der Jagd | 106

50 Das Haus Koekkoek | Kleve
Eine reine Familienangelegenheit | 108

51 Die historischen Gärten | Kleve
Mit Weitsicht | 110

52 Das Johanna-Sebus-Denkmal | Kleve
Selbstlos in den Fluten | 112

53 Der Kermisdahl | Kleve
Nie sollst du mich befragen | 114

54 Das Museum Kurhaus | Kleve
Liebespaar mit Beuys und Mataré | 116

55 Das Prinz-Moritz-Grab | Kleve
Und alle Lust will Ewigkeit! | 118

56 Der Reichswald | Kleve
Nach der Schlacht | 120

57 Der Salmorth | Kleve
Immer was los | 122

58 Schenkenschanz | Kleve
Blick auf einen fernen Ort | 124

59 Das Schloss Gnadenthal | Kleve
Reine Vernunft kann niemals siegen | 126

60 Der Schwanenturm | Kleve
Auferstanden aus Ruinen | 128

61 Das Pfadfinder-Grab | Korschenbroich
Der Berg ruft! | 130

62 Die Düffel | Kranenburg
Kühe in Halbtrauer | 132

63 Das Museum Katharinenhof | Kranenburg
Von Heiligen und Tränen | 134

64 St. Peter und Paul | Kranenburg
Lohn des Wartens | 136

65 Die Burg Linn | Krefeld
Alte Schönheit | 138

66 Die Galopprennbahn | Krefeld
Historische Kulissen | 140

67 Die Häuser Esters und Lange | Krefeld
Die Vision der Zukunft | 142

68 Der »Jazzkeller« | Krefeld
A Love Supreme | 144

69 Die Pax-Christi-Kirche | Krefeld
Die Kunst trägt das Kreuz | 146

70 Der Beuys-Moai | Meerbusch
Ins Boot geholt | 148

71 Das Hüsch-Grab | Moers
Sach ma nix! | 150

72 Das Haus u r | Mönchengladbach
Bedrücktes Wohnen | 152

73 Das Museum Abteiberg | Mönchengladbach
C wie Caesar, H wie Hans | 154

74 Das Schloss Rheydt | Mönchengladbach
Im Licht des Südens | 156

75 Die Krickenbecker Seen | Nettetal
Wie in Finnland | 158

76 Die Insel Hombroich | Neuss
Das schönste Kunstmuseum der Welt | 160

77 Das Quirinus-Münster | Neuss
Der Marschall hilft immer | 162

78 The Globe | Neuss
Wie es uns gefällt | 164

79 Der Bienener Altrhein | Rees
Das große Paradies | 166

80 Das »Landhaus Drei Raben« | Rees
Licht im August | 168

81 Der Hariksee | Schwalmtal
Auf dem Kindheitserinnerungsboot | 170

82 Die Schwalm | Schwalmtal
Im Mühlenviertel | 172

83 Der Aussichtsturm | Sonsbeck
Da unten, das Land | 174

84 Die Hochwaldschneise | Uedem
Operation »Blockbuster« | 176

85 Der Mooshof | Uedem
Im Alleingang | 178

86 Die Mommniederung | Voerde
Schöne Aussichten | 180

87 Die Altstadt | Wachtendonk
Fast wie früher | 182

88 Das Friseurmuseum | Wachtendonk
Beim Barbier von Wachtendonk | 184

89 Das Birgelener Pützchen | Wassenberg
Sonntags nach dem Essen | 186

90 Der Grenzlandring | Wegberg
Ohne Boxenluder | 188

91 Die alte Eisenbahnbrücke | Wesel
Von einem Ufer zum andern | 190

92 Das Berliner Tor | Wesel
Abschied von Preußen | 192

93 Die Heresbachkapelle im Dom | Wesel
Die verlorene Bibliothek | 194

94 Das Hotel »Wacht am Rhein« | Wesel
Die Hüter des Stroms | 196

95 Das Niederrheinmuseum | Wesel
Nach den Preußen | 198

96 Das Peter-Minuit-Denkmal | Wesel
In der Neuen Welt | 200

97 Der Postdeich | Wesel
Der niemals brach | 202

98 Die Sammlung Holland | Wesel
Die Vögel | 204

99 Das Schill-Denkmal | Wesel
Tod am Nachmittag | 206

100 Das Schwarze Wasser | Wesel
Ein schöner See | 208

101 Die Wallfahrtskirche in Ginderich | Wesel
Der älteste Wallfahrtsort | 210

102 Klein-Jerusalem | Willich
Die ersten und die letzten Tage | 212

103 Der Archäologische Park | Xanten
Die wiederentdeckte Stadt | 214

104 Die Bislicher Insel | Xanten
Wenn die Wildgänse kommen | 216

105 Der Dom | Xanten
Heilige und Ritter | 218

106 Das »Hotel van Bebber« | Xanten
Haus der Geschichte | 220

107 Der Jüdische Friedhof | Xanten
Passage zum Himmel | 222

108 Das »Landhaus Köpp« | Xanten
Campingplatz mit Sterneküche | 224

109 Der Lüttinger Knabe | Xanten
Von der Kneipe ins Museum | 226

110 Die Nordsee | Xanten
Mehr im Norden, mehr im Süden | 228

111 Das Stiftsmuseum | Xanten
Poetische Dogmen | 230

1 Das Schloss Moyland

Feldherren und Philosophen

Selbst als Ruine hatte Schloss Moyland den Nimbus des Besonderen. Es erinnerte an die große Klever Zeit, als Moritz von Nassau-Siegen Statthalter des Kurfürsten Friedrich III. von Brandenburg in dessen niederrheinischer Provinz war. 1695 hatte der Fürst und spätere preußische König das Schloss gekauft, das bis 1766 die Residenz der Preußen in ihrer westlichsten Provinz blieb. Die letzte große Persönlichkeit, die das alte Moyland sah, war Winston Churchill, der britische Kriegspremier. Am 25. März 1945, nachdem alliierte Truppen den Rhein überquert hatten, besuchte er das zerschossene Schloss, in dem sich nun das Hauptquartier der 3. Britischen Infanterie-Division befand. Nach dem Krieg verfiel das Schloss.

Die Idee der Brüder Hans und Franz Joseph van der Grinten, aus der Ruine ein Museum für Joseph Beuys entstehen zu lassen, war für Moyland die Rettung. Die van der Grintens waren schon seit Langem mit Beuys befreundet, hatten seine erste Ausstellung in ihrem Haus in Kranenburg organisiert und waren seine ersten Sammler. Sie stifteten mehr als 4.000 Dokumente und Arbeiten des Künstlers und machten Moyland damit zu einem musealen Schwergewicht am Niederrhein. Ihre private Bibliothek von etwa 40.000 Büchern und Zeitschriften bildete den Grundstock der international bedeutsamen und ständig erweiterten Museumsbibliothek.

Die Bestände des Museums – über 15.000 Zeichnungen, eine der größten Grafik- und Fotosammlungen Westdeutschlands und 6.000 Arbeiten von Joseph Beuys – ermöglichen immer wieder neue Ausstellungen und Präsentationen. Der Skulpturenpark mit 70 Plastiken des späten 20. Jahrhunderts, unter anderem von James Lee Byars, Eduardo Chillida, Erwin Heerich und Heinz Mack, ist in eine hervorragend rekonstruierte Gartenlandschaft integriert, die ihre ursprünglich barocken Elemente mit Ideen englischer Parkanlagen des 19. Jahrhunderts verbindet.

Adresse Am Schloss 4, 47551 Bedburg-Hau, Tel. 02824/951060, www.moyland.de | ÖPNV Bus 44, Haltestelle Schloss Moyland | Anfahrt A 57, Ausfahrt Goch/Weeze, Richtung Goch, dann B 67 Richtung Kalkar und B 57 Richtung Kleve; alternativ A 3, Ausfahrt Rees, über die B 67 Richtung Kalkar und die B 57 Richtung Kleve; Schloss Moyland in unmittelbarer Nähe der B 57 | Öffnungszeiten 1. April – 3. Okt. Mo 11 – 17 Uhr (nur Parkanlage), Di – Fr 11 – 18 Uhr, Sa, So 10 – 18 Uhr; 4. Okt. – 31. März Mo 11 – 17 Uhr (nur Parkanlage), Di – So 11 – 17 Uhr | Tipp Am Ende der Moyländer Allee befindet sich eine der letzten Dorfkneipen der Umgebung: die »Gaststätte zur Dorfschmiede« in der Sommerlandstraße 14.

2 Die Apsis von Knechtsteden

Hier ist es

Man öffnet die Tür, tritt ins Halbdunkel, und mit einem einzigen Schritt scheint man die Welt verlassen zu haben. Romanische Klosterkirchen implizieren augenblicklich ein Gefühl von Weltferne und eine damit verbundene Konzentration auf das Wesentliche, die man auch als atheistischer Besucher wahrnimmt. Etwas ist anwesend, das es an anderen Orten so nicht gibt. Für den, der nicht glaubt, ist es natürlich nicht die Gegenwart Gottes. Es ist eher das unmittelbare Gefühl und Bewusstsein einer historischen Kontinuität, die berührt und beeindruckt, denn in den Klöstern des Mittelalters liegt der Ursprung der abendländischen Kultur.

Die Gläubigen des Mittelalters wussten den Weltenherrscher allerdings noch direkt über sich und spürten seine Augen möglicherweise deutlich in ihrem Rücken, als sie niederknieten. In der Westapsis ist er in einem großen Deckengemälde präsent: Auf blauem Sternengrund steht der segnende Christus, umschlossen vom Lichtstreifen einer Mandorla, die seine Aura bezeichnet. Der Pantokrator hält das aufgeschlagene »Buch des Lebens«, in dem nach der Vorstellung der Gläubigen alle Namen der in seinem Sinn gottgefälligen Menschen verzeichnet sind.

Das Prämonstratenserkloster in Knechtsteden geht auf eine Schenkung des einstigen Dekans des Kölner Doms Hugo von Sponheim zurück. Einer himmlischen Eingebung folgend, brachte er seine Besitztümer in Knechtsteden Gott und der Jungfrau Maria dar. Auf seinen Wunsch hin siedelten sich Mönche des Reformordens an, was möglicherweise damit zusammenhängt, dass der Dekan mit dem heiligen Norbert von Xanten verwandt war, der den Orden begründet hatte.

Knechtsteden ist eine der wenigen erhaltenen Klosterkirchen mit zwei Apsiden. Das Wandgemälde der Westapsis mit Christus und den Aposteln gehört zu den wichtigsten Zeugnissen romanischer Malerei am Niederrhein.

Adresse Kloster Knechtsteden 1, 41540 Dormagen-Knechtsteden, Tel. 02133/8690, www.kloster-knechtsteden.de | **ÖPNV** Bus 871, 883, 885, NE 1, Haltestelle Knechtsteden | **Anfahrt** A 57, Ausfahrt Dormagen, Richtung Rommerskirchen, hinter Delhoven rechts abbiegen zum Kloster Knechtsteden | **Öffnungszeiten** Basilika täglich 8–18 Uhr | **Tipp** Der »Klosterhof Knechtsteden« an der Einmündung zur Klosterstraße wurde 1898 als Gasthof für die weltlichen Besucher des Klosters errichtet. Die Gasträume besitzen architektonisch noch einiges an historisierendem Charme.

3 Die Rheinstraße in Zons

Immer wieder sonntags

Man könnte sich den gähnenden Wachsoldaten, den der biedermeierliche Carl Spitzweg auf einer Bastei malte, auch gut auf der Zonser Mauer vorstellen, wie er gelangweilt über die Wiesen und durch die Pappeln hindurch zum Rheindeich blickt: Draußen vor den Toren ist nichts los, und auch in der Stadt ist alles friedlich. Nur ein paar geparkte Autos vor den historischen Häusern erinnern daran, dass man noch immer in der Gegenwart ist, obwohl man für einen kleinen Moment, wenn man aus dem Schatten des Rheintores in die Sonne tritt, das Gefühl hat, sie verlassen zu haben. Die Vormittagssonne strahlt die alten Fassaden an, von denen manche, wie die des »Alten Zollhauses«, glänzen, als wäre alle Tage Sonntag.

Die ältesten Häuser der »Feste Zons« befinden sich in der Rheinstraße, nur wenige haben die wilden Zeiten überstanden, als die Stadt noch ein militärisch gesicherter Zollposten der Kölner Erzbischöfe war. Zons brannte dreimal fast komplett bis auf die Grundmauern ab, zum ersten Mal im 15., zum letzten Mal im 17. Jahrhundert. Anschließend wütete die Pest, dann kamen die Hessen, die die Stadt beschossen, und wenige Jahre bevor französische Revolutionstruppen einzogen, stand das Rheinwasser hoch über der Stadtmauer und den Köpfen der Zonser bis zu den Türschwellen der »Pfefferbüchsen« genannten Wachtürme.

Wäre Carl Spitzweg jemals in Zons gewesen, hätte er seine schlafmützige Schildwache vermutlich vor eine dieser idyllischen Pfefferbüchsen gestellt. Sonntags ist alles anders. Dann vibriert die Stadt, die nur noch ein Stadtteil ist. Im Laufschritt wird sie genommen, mit Fahrrädern und Inlineskates, von allen Seiten und aus allen Himmelsrichtungen. Ein diskreter Kampf um Parkplätze und Tische in den Cafés und Kneipen beginnt, und alle fragen sich, was eigentlich los ist. Eigentlich nichts. Zons ist einfach da, so wie immer: alt und klein und so überschaubar wie ein Puppenhaus.

Adresse Rheinstraße, 41541 Dormagen-Zons | ÖPNV Bus 875, 886, NE 2, WE 2, Haltestelle Rheinstraße | Anfahrt A 46, Ausfahrt Neuss-Uedesheim, Richtung Neuss-Grimlinghausen, B 9 Richtung Dormagen und Zons, bei der Schlossstraße rechts zur Rheinstraße oder links auf die Deichstraße und zum Parkplatz; alternativ A 57, Ausfahrt Dormagen, Richtung Neuss, bei der Horremer Straße Richtung Zons, weiter wie oben | Tipp Das Kreismuseum Zons in der ehemaligen mittelalterlichen Landesburg der Erzbischöfe in der Schlossstraße ist auf angewandte Kunst spezialisiert und besitzt die weltweit größte Jugendstil-Zinnsammlung.

4 Der Zonser Grind

Unter den Pappeln der Freiheit

Zwischen Stürzelberg und Zons liegt, umgeben von einer weiten, nach Nordosten gezogenen Rheinschlinge, der Grind. Seit mehr als 2.000 Jahren wird er landwirtschaftlich genutzt, und im Wechsel mit den Jahreszeiten und den Segnungen und Verwüstungen durch den alles beherrschenden Strom entstand eine bemerkenswerte Kulturlandschaft. Bei Hochwasser bilden der Zonser Grind und die auf der anderen Rheinseite liegende Urdenbacher Kämpe eine irritierend urtümliche Flusslandschaft, aus der die Kronen der Bäume wie seltsam erstarrte Solitäre herausragen. Wie in allen niederrheinischen Überschwemmungsgebieten gibt es noch eine erstaunliche Anzahl von seltenen und andernorts verschwundenen Pflanzen. Ihr Blütenreichtum im Frühling und Sommer zeigt eine malerisch anmutende Fülle auf den Wiesen, die dem Umstand, dass man sich zwischen den beiden industriellen Schwergewichten Dormagen und Düsseldorf-Benrath befindet, etwas Unwirkliches verleiht.

Es war vermutlich diese sichtbare, naturgepolsterte Distanz zur wirklichen Welt, die aus dem Grind zwischen 1933 und 1945 eine Art Fluchtgebiet für Maler und Studenten der Düsseldorfer Kunstakademie machte. Die wenigen, die sich nicht mit der rassegeprägten Heroenoptik der Nationalsozialisten arrangieren wollten, trafen sich in dieser unverdächtigen und abhörsicheren Landschaft, um laut sagen zu können, was sie dachten und fühlten. »Allein die braune Farbe war zum Kotzen«, kommentierte Emil Schumacher, einer der Mitbegründer des Deutschen Informel. Es waren von einem natürlichen Skeptizismus geprägte Maler wie sein Kollege Bruno Goller, der nach dem Krieg zu den Erneuerern der Düsseldorfer Akademie gehörte, oder der von der katholischen Jugendbewegung beeinflusste, heute allerdings fast vergessene spätere Direktor der Berliner Hochschule der Künste Ludwig Schrieber, die ihre Sommer bis zum bitteren Ende auf dem Grind verbrachten.

Adresse innerhalb des Rheinbogens zwischen Stürzelberg und Zons, 41541 Dormagen | **ÖPNV** Bus 886, NE 2, WE 2, Haltestelle Unterstraße (Stürzelberg) | **Anfahrt** A 46, Ausfahrt Neuss-Uedesheim, Richtung Neuss-Grimlinghausen, links auf die Koblenzer Straße (B 9), dann links auf der Bahnstraße nach Stürzelberg, bei der Oberstraße wieder links zum Naturschutzgebiet »Zonser Grind« | **Tipp** Sehr beliebt und fotogen, mit stark frequentierter Terrasse, ist das »Gasthaus zur Rheinfähre« hinter der Anlegestelle der Fähre Zons–Urdenbach (Herrenweg 39).

5 Die Horst-Schimanski-Gasse

Zurück zum Tatort

Zwischen 1981 und 1991 war Hauptkommissar Schimanski der vermutlich bekannteste Duisburger und nicht nur in Duisburg weltberühmt. Die gesamte Republik war erstaunt und erfreut über diesen Anti-Polizisten, der Dienstvorschriften nicht beachten wollte, seine ganz eigenen Ermittlungsmethoden hatte, zu viel trank, sich herumprügelte, fluchte, politisch völlig unkorrekt war und den Frauen jeden Alters, auch solche aus dem Milieu, einfach Klasse fanden. Schon damals trug Schimanski die nach ihm benannte »Schimanski-Jacke«, eine US-Feldjacke M65, einen Klassiker, der erst durch »Schimi«, wie ihn einige Kollegen und die meisten seiner Fans nannten, ultimativer Kult wurde.

In 29 Tatort-Folgen gab es einige Ungereimtheiten zu seiner Biografie. Mal hieß es, er sei 1938 in Stettin geboren worden, dann wieder 1943 in Breslau oder auch 1947 oder 1948 in Duisburg. Dazu kamen die sich widersprechenden Tatsachen, dass sein Vater im Krieg gefallen sei oder später die Familie verlassen habe. Weshalb Schimi auf die schiefe Bahn geriet, eventuell Autos klaute und sein späteres Jurastudium abbrach, um Polizist zu werden.

An diesen vielen Ungereimtheiten wird es gelegen haben, dass sich die Stadt Duisburg lange schwertat, eine Straße nach ihrem berühmtesten und telegensten Einwohner zu benennen. Nun gibt es eine. Eine kleine, etwas schmucklose, vorher namenlose Gasse in Ruhrort zwischen Dammstraße und Vinckekanal. Sie hat auch eine Kneipe, und das lange gezapfte Pils mit fester Krone ist wirklich gut, aber für Schimanski hätte es ruhig ein bisschen Glamour sein dürfen. Seit September 2022 steht hier immerhin ein Schimanski-Denkmal. In der Bronzeplastik der Duisburger Bildhauerin Carolin Höbing ist Schimanskis Double, der Schauspieler Götz George, zwar nicht unmittelbar zu erkennen. Aber das macht nichts.

Adresse Horst-Schimanski-Gasse, 47119 Duisburg-Ruhrort | ÖPNV Straßenbahn 901, Haltestelle Karlstraße | Anfahrt A 42, Ausfahrt Duisburg-Beeck, über die Stepelsche Straße und die Deichstraße zur Horst-Schimanski-Gasse | Tipp Die »Ankerbar« neben dem Hochbunker am Neumarkt in der König-Friedrich-Wilhelm-Straße 18 bietet eine angenehme Atmosphäre mit kleinen Speisen und guten Weinen.

6 Das Landesarchiv NRW

Alles, was bleibt

Nachts ist er noch beeindruckender als am Tag. Übergroß, fensterlos, geheimnisvoll und scheinbar ohne Leben erinnert der Turm an die abweisende Welt in Franz Kafkas »Der Prozess« oder an die Machtzentralen in George Orwells beklemmendem Roman »1984«, der eine beängstigende Zukunft beschreibt, die längst schon wieder Vergangenheit geworden ist. Von unten betrachtet wirkt diese überdimensionierte Anonymität wie eine architektonische Drohung, ein in sich selbst verschlossenes Gebäude, das 76 Meter in den Himmel ragt. Wem wird hier der Prozess gemacht? Wie kommt man hinein? Und kommt man auch wieder heraus?

In diesem Turm und dem ehemaligen Kornspeicher lagern etwa 2 Millionen Fotos, 310.000 Akten, 70.000 Urkunden, 5.000 Kirchenbücher, Tondokumente, Filme und Videos und neben Nachlässen, Privatarchiven, Kabinettsakten und zeitgeschichtlichen Sammlungen auch der größte erhaltene Bestand von Gestapo-Akten in Deutschland. Bis heute sind es etwa 90 Regalkilometer, in denen das Gedächtnis des Rheinlands aufbewahrt wird, am Ende werden es 150 Kilometer sein – zwei weitere NRW-Archive befinden sich in Detmold und in Münster. Zusammengesetzt wurde dieses Gedächtnis aus den Archiven der Regierungsbezirke Aachen, Düsseldorf und Köln und der ehemaligen Landesherrschaften Geldern, Jülich-Berg, Kleve-Mark und Kurköln.

Die freundliche und bürgernahe Gegenwart des Landesarchivs zeigt sich hinter dem kafkaesken Speicher weich und fast beschwingt in einem lang gestreckten, wellenförmigen Gebäude. Hier sind die öffentlichen Bereiche untergebracht, das Foyer, der Lesesaal und ein Ausstellungsraum, in dem interessante Schaustücke wechselnd präsentiert werden. Geschaffen wurde das fast 160 Meter lange Ensemble von den Architekten Ortner und Ortner, die sich selbst als Baukünstler verstehen und deren Büro 1987 aus der legendären Künstler-Architekten-Gruppe Haus-Rucker-Co hervorging.

Adresse Schifferstraße 30, 47059 Duisburg, Tel. 0203/987210, www.archive.nrw.de | ÖPNV Straßenbahn 901, Haltestelle Landesarchiv NRW | Anfahrt A 59, Ausfahrt Duisburg-Zentrum, der Beschilderung zum Innenhafen folgen, am Ende der Schwanentorstraße rechts abbiegen in die Schifferstraße | Öffnungszeiten Mo, Di 8.30–19 Uhr, Mi, Do 8.30–16 Uhr, Fr 8.30–12.30 Uhr | Tipp Auf der anderen Seite des Innenhafens liegt der »Garten der Erinnerung« des israelischen Land-Art-Künstlers Dani Karavan.

7 Der Landschaftspark Nord

Schönheit in Stahl

Er ist gigantisch, großartig und in allen Einzelheiten beeindruckend. Auf 180 Hektar, das sind fast zwei Quadratkilometer, kommt man aus dem Staunen nicht mehr heraus. Die Welt um, neben, über und auch unter einem besteht aus Stahl und Beton, aus merkwürdigen Konstruktionen, unfassbaren industriellen Ungetümen, unbegreiflichen Dingen, kurios erscheinenden Türmen und Bauten, die verrostet und stumm in den Himmel über Duisburg ragen. Den industriellen Herzschlag hörte man hier früher bis tief in die Nacht. In den Hochöfen brannten Feuer, die direkt mit der Hölle verbunden schienen. In diesem ehemaligen Hüttenwerk, das 1901 den Betrieb aufnahm, gab es fünf davon. Der letzte Hochofen wurde nach nur zwölf Jahren 1985 stillgelegt und kann heute bestiegen werden. Aus 70 Metern Höhe hat man einen unvergleichlichen Blick über Duisburg und Rhein aufwärts bis nach Düsseldorf.

Diese arbeitsintensive Welt, in der es früher heiß und kalt, laut und gefährlich war, ist uns heute fremd geworden. Sie ist fast überall von der Bildfläche verschwunden. Nachts wird sie bunt illuminiert, was ihrer taghellen Schönheit etwas Entrücktes und Sphärisches gibt. Seit 1994 ist das Gelände, das zu einem Landschaftspark mit Freiflächen, Terrassen und Treppen umgestaltet wurde, öffentlich zugänglich. Etwa eine Million Besucher kommen jährlich.

Der Park fordert auch aktiv heraus: Der Deutsche Alpenverein unterhält einen Klettergarten mit etwa 400 Routen und einen besonderen Höhenkletterparcours in der Gießhalle von Hochofen 2. Im mit Wasser gefüllten Gasometer befindet sich ein Trainingszentrum für Taucher, ein Dampfgebläsehaus wurde zu einem Schauspielhaus umgebaut, und auf dem Dach einer sogenannten Abstichhalle gibt es im Sommer ein Open-Air-Kino. Wer alles ganz genau wissen möchte, kann im Magazin-Gebäude die Dauerausstellung zur Geschichte dieses Hüttenwerks besuchen.

Adresse Emscherstraße 71, 47137 Duisburg-Meiderich, Tel. 0203/2034291919 (Besucherzentrum), www.landschaftspark.de | **ÖPNV** Bus 906, 910, Haltestelle Landschaftspark Nord | **Anfahrt** A 42, Ausfahrt Duisburg-Neumühl, über die B 8 bis Emscherstraße (den Schildern folgen); A 59, Ausfahrt Althamborn, der Beschilderung bis Emscherstraße folgen | **Öffnungszeiten** Besucherzentrum: Mo – Fr 9 – 18 Uhr, Sa, So und Feiertage 11 – 18 Uhr | **Tipp** Sehenswert ist die Arbeitersiedlung am Bergmannsplatz in Duisburg-Neumühl, die seit 1996 unter Denkmalschutz steht.

8 Die Mercatorinsel

Allein im Wind

Ein seltsamer Ort, merkwürdig prosaisch, unbebaut und leer. Man fragt sich, ob hier jemals etwas war oder ob hier irgendwann mal etwas sein wird. Der einsame Spaziergänger, der innehält wie Caspar David Friedrichs »Mönch am Meer« und über den Fluss zum anderen Ufer hinüberschaut, sieht aus wie eine Figur, die sich im Neorealismus verloren hat. In der Ferne, auf der anderen Rheinseite, stehen Schornsteine unter Dampf, viel Industrie immer noch, und Alt-Homberg wirbt in Großbuchstaben gut lesbar damit, eine Stadt im Grünen zu sein. Es ist als Aufforderung gedacht, Ruhrort über die Friedrich-Ebert-Brücke zu verlassen, von der eine Treppe direkt auf die Mercatorinsel führt.

Große Schubverbände schieben sich stromaufwärts ins Bild, kleinere Schiffe, die es eilig haben, jagen stromabwärts Richtung Rotterdam. Auf der anderen Seite der Insel liegt der Vinckekanal mit Pegeluhr und dem »Museumsschiff Oscar Huber«, dem letzten erhaltenen Seitenrad-Schleppdampfer, der vor 100 Jahren in Ruhrort vom Stapel lief. Das Schiff ist die Außenstelle des Deutschen Binnenschifffahrtsmuseums, das man flussabwärts in der Apostelstraße 84 findet.

Markus Lüpertz gefiel die Ruppigkeit dieser Insel. Eine ideale Umgebung für seine Plastik »Das Echo des Poseidon«, wie Lüpertz meinte. Sie steht hier seit 2016, unübersehbar, allein wie der Mönch am Meer und samt Sockel fast zehn Meter hoch. Gestiftet wurde sie zum 300-jährigen Jubiläum des Hafens, dessen offizieller Geburtstag der 16. September 1716 ist, als beschlossen wurde, ihn auszubauen. Einen Hafen gab es also schon vorher.

Ruhrort ist besonders. Die »ratlose« Insel auch, die noch immer Projektionsfläche für architektonische Phantasien und unbebautes Niemandsland ist. Der Wind weht hier besonders stark. Das Meer ist nah, zumindest in Gedanken. Und der Hund, der sich im Gras wälzt, freut sich, dass er hier tun und lassen kann, was er will.

Adresse Duisburger Hafen, 47119 Duisburg-Ruhrort | ÖPNV Straßenbahn 901, Haltestelle Karlstraße | Anfahrt A 59, Ausfahrt Duisburg-Meiderich, über Vohwinkelstraße, Am Nordhafen und Eisenbahnstraße zum Richard-Hintorf-Platz | Tipp Am Schwanentor, am Calaisplatz und an der Schifferbörse am Gustav-Sander-Platz legen die Hafenrundfahrtschiffe der Weissen Flotte an.

9 Das Museum Küppersmühle

Im Westen was Neues

Ein Glück kommt selten allein: Der britische Stararchitekt Norman Foster entwarf Ende der 1990er Jahre ein Gesamtkonzept für die Umgestaltung des Duisburger Innenhafens, die Schweizer Architekten Jacques Herzog und Pierre de Meuron machten aus der alten Getreidemühle am Innenhafen ein modernes Museum, das Sammlerehepaar Sylvia und Ulrich Ströher tat sich mit dem Duisburger Sammler Hans Grothe zusammen, und so entstand das sicher umfangreichste und vielleicht auch bedeutendste Museum deutscher Nachkriegskunst.

Auf mittlerweile 6.000 Quadratmetern – das Museum wurde 2021 durch einen Anbau von Herzog & de Meuron erweitert – werden zahlreiche abstrakte und informelle Werke gezeigt, also die Anfänge deutscher Kunst nach dem Zweiten Weltkrieg in Westdeutschland. Diese »gegenstandslose« Kunst verweigert sich jeder politischen Instrumentalisierung, denn den jungen Künstlern dieser frühen Jahre saß noch der Schrecken des nationalsozialistischen Blut-und-Boden-Kitsches im Gemüt. Sie erfordert, wenn man sie nicht rein dekorativ betrachten will, eine fast mystische Konzentration. Grothe regte deshalb hohe weiße Räume an. Die Architekten realisierten sie – sehr klar und reduziert –, sie sind für sich genommen von einer präzisen bautechnischen Schönheit.

Das Museum ist beliebt und sehr gut besucht. Das macht es der Konzentration auf das Deutsche Informel und seine manchmal explosive Wirkung unter Umständen etwas schwer. Die Werke stammen unter anderem von Anselm Kiefer, Imi Knoebel, Markus Lüpertz und Gerhard Richter. In insgesamt 30 Ausstellungsräumen kann man sich in der Geschichte der deutschen Nachkriegskunst verlieren.

Besondere Aufmerksamkeit erfahren die von Herzog und de Meuron geschaffenen Treppenhäuser. Es gibt kaum Besucher, die nicht nach ihren Handys greifen und ablichten, was sie hier so überrascht und unmittelbar beeindruckt.

Adresse Philosophenweg 55, Duisburg, Tel. 0203/30194811, www.museum-kueppersmuehle.de | **ÖPNV** Bus 934, Haltestelle Hansegracht | **Anfahrt** A 59, Ausfahrt Duisburg-Duissern, rechts über Kardinal-Galen-Straße zum Philosophenweg | **Öffnungszeiten** Mi 14–18 Uhr, Do–So und Feiertage 11–18 Uhr | **Tipp** Das gleichnamige »Restaurant Küppersmühle« bietet mittags kleine Gerichte und hat abends mit mehrgängigen Menüs die Ambitionen eines Feinschmecker-Restaurants.

10 Die Schallplatte

Beat Generation, Rock-Legenden

Jetzt, da sie wieder da sind, kann man kaum begreifen, dass sie schon fast verschwunden waren. Es gab tatsächlich einige dunkle Jahre, in denen sie kaum mehr jemand haben wollte. Natürlich gab es Sammler, Nostalgiker und Leute, die sich nicht von ihnen trennen konnten. Mit Schallplatten kann man nämlich sein Leben erklären, die eigene Biografie hörbar machen und erzählen, wie das war, als alles anfing. Man erinnert sich an großartige Momente, in denen eine Vinyl eine wichtige Rolle spielte und ein Cover wie ein Signal wirkte. Schallplatten waren Bekenntnisse, Statements, Symbole der Zugehörigkeit oder der Ablehnung. Es hatte eine Bedeutung, mit wem man eine Single, eine LP oder ein Album anhörte. Alles hatte eine Bedeutung: die Vinyl, die Jeans, die Haare. Jede Geste. Die große Zeit begann in den 1950er Jahren und versandete dann in den 1980ern, als CDs populär wurden.

In jedem Leben gibt es Brüche. Auch im Leben der Duisburger »Schallplatte«, die 1954 eröffnet wurde – in dem Jahr, als Bill Haley »Rock Around The Clock« veröffentlichte und Elvis bei Sun Records unterschrieb. Erst 65 Jahre später schloss der Laden, um an anderer Stelle sofort wieder zu eröffnen.

Begonnen hatte alles ganz bieder, brav und bundesrepublikanisch. Hier konnte gekauft werden, was familientauglich und unterhaltsam war. Erst mit dem Aussterben der Vinyl-Platten mutierte »Die Schallplatte« zum Fachgeschäft für Spezialisten, Maniacs und ewig nach der seltensten Pressung Suchende. Wer seinem Leben eine unverkennbare Beschallungsnote geben möchte, steht heute auch wieder auf Vinyl.

»Die Schallplatte« ist aktuell der älteste Plattenladen Deutschlands. Außer Konservenmusik der sogenannten DJ-Culture findet man hier alles: Rock, Pop, Soul, Blues, auch ausgesuchten Jazz und vor allem ein atemberaubendes Angebot legendärer Scheiben, die Geschichte schrieben.

Adresse Pulverweg 33, 47051 Duisburg, Tel. 0203/22633, www.schallplatte.org | ÖPNV Bus 933, Haltestelle Stadttheater; Bus 934, Haltestelle Stapeltor | Anfahrt A 59, Ausfahrt Zentrum, über Saarstraße und Landfermannstraße, dann rechts in den Pulverweg | Öffnungszeiten Mi–Fr 12.30–18 Uhr, Sa 11.30–15 Uhr | Tipp Für analoge Musik, live und unplugged, empfiehlt sich die Biergarten-Café-Musikkneipe »Steinbruch« in der Lotharstraße 318.

11__Der Carlsplatz

Ein Markt wie kein anderer

Der Carlsplatz war einst Düsseldorfs schönster Platz. Sein vergangenes ästhetisches Potenzial kann man heute noch in einigen wenigen klassizistischen Restbeständen erahnen. Reisende wie der Revolutionär und Schriftsteller Georg Forster (1754–1794) schwärmten in ihren Berichten: »Eine wohlgebaute Stadt, schöne massive Häuser, gerade und helle Straßen, tätige, wohlgekleidete Einwohner. Und in wenigen Jahren wird Düsseldorf noch einmal so groß als es war und um vieles prächtiger sein.«

Angelegt wurde der Platz 1787, als Carl Theodor, Kurfürst von der Pfalz und auch von Bayern, die Erweiterung seiner Residenzstadt am Rhein veranlasste. Was ihn heute noch attraktiv macht, sind nicht mehr die Gebäude, sondern die Menschen, die hier einkaufen, um ihre Lust an gutem Essen zu befriedigen, denn der Carlsplatz hat den besten und hochpreisigsten Markt von Düsseldorf. Man findet hier wunderbare Lebensmittel, die nicht nur angenehm teuer, sondern auch außerordentlich prestigeträchtig sind.

Dennoch geben viele Marktleute auf. Gastronomen ziehen nach. An den handfesten Imbissständen und an exotischen Schnellküchen kann man sich durch kulinarische Welten essen. Die rheinische Heimatflagge wird seit Jahrzehnten vom stadtbekannten »Dauser« über seinen beliebten Eintöpfen gehisst. Mittags ist es hier so rappelvoll, dass man Stehvermögen und Geduld braucht, bis man endlich seinen Teller in Empfang nehmen kann. Angesagt bei einem überraschend jungen Publikum ist der Weinausschank »Concept Riesling«. Hier kommt man schnell ins Gespräch. Denn die vielen guten Tropfen eröffnen viele Annäherungsmöglichkeiten – auch für diejenigen, die von Wein keine Ahnung haben. Überschaubarer, aber ebenso kommunikativ ist im Gang nebenan die spanisch angehauchte »Bude 9«. Es gibt hier zwar nur ein verhältnismäßig kleines Weinangebot, dafür aber jede Menge Stammgäste, die mit allen Weinen gewaschen sind.

Adresse Carlsplatz, 40213 Düsseldorf, www.carlsplatz-markt.de | **ÖPNV** U 70–U 79, U 83, Bus 780, 782, 785, 805, 817, SB 50, Haltestelle Heinrich-Heine-Allee | **Öffnungszeiten** Mo–Fr 8–18 Uhr, Sa 8–16 Uhr | **Tipp** Eine der besten Düsseldorfer Küchen liegt gleich ums Eck im Haus Hohe Straße 11: das Kontor von »Münstermann«. Es ist fast immer voll besetzt, reservieren kann man leider nicht.

12_Die Fortuna-Bude

Immer nur Endspiele

Kein Büdchen ist wie das andere. Und weil das so ist, wird in Düsseldorf jährlich der Büdchentag gefeiert. Unter vielen Besonderheiten nimmt das Fortuna-Büdchen dennoch eine Sonderstellung ein: Es ist nämlich mentalitätsrelevant, sinnstiftend, tröstend und erregungssteigernd. Ein Barometer also, das zuverlässig anzeigt, wie die Stimmung in Bezug auf F95 gerade ist. Die magische Kraft, die das Büdchen – für echte Düsseldorfer natürlich nur »die Bud« – neben dem Ulanendenkmal zumindest temporär entwickeln kann, zeigt sich immer dann, wenn Fortuna Düsseldorf wieder ausrechenbare Chancen auf den Wiederaufstieg in die erste Liga hat. Das kommt häufig vor. Für die Fortuna ist dann jedes Spiel ein Endspiel, und von den Fans werden alle nur denkbaren dramatischen Szenarien entworfen, aus denen F95 aber fast immer als Sieger hervorgeht. Deshalb versammeln sich hier vor jedem Heimspiel Hunderte aufgeputschte und euphorisierte Fans, die Zeugen einer großartigen Zukunft werden wollen.

Fortuna war einmal Deutscher Meister, zweimal Pokalsieger und verlor im Europapokal-Endspiel gegen den FC Barcelona denkbar knapp mit einem Tor, und das fiel in der Verlängerung. Das ist lange her, aber nicht vergessen. Wenn die »Diva vom Rhein«, die oft genug über die eigenen Füße stolpert, mal wieder die Relegation erreicht oder sogar den Aufstieg geschafft hat, wie 2012 äußerst eng und völlig von der Rolle gegen Hertha BSC, vibriert das Büdchen vor unfassbarem Glück. Damals wehte sogar ein Fortuna-Schal hoch oben um den Hals des Ulanen.

Aber Fußball ist bekanntlich nicht alles. Wenn die Sonne auf der anderen Rheinseite hinter Oberkassel versinkt, ist es hier besonders stimmungsvoll. Die lange Mauer bis zum Rheingärtchen ist gut besetzt, die Bierflaschen glänzen, und über den Rhein tuckern späte Schiffe. Das frühe Abendlicht macht alle schön, und wo viele sind, wollen noch mehr sein.

Adresse Joseph-Beuys-Ufer 27, 40479 Düsseldorf | **ÖPNV** U 70, U 74, U 75, U 76, U 77, Haltestelle Tonhalle/Ehrenhof | **Öffnungszeiten** täglich 9.30–22 Uhr | **Tipp** Am Rheinufer werden in den Sommermonaten sogenannte Stadtstrände eingerichtet, die sich bemühen, eine Art Beach-Feeling zu imitieren.

13__Die Gehry-Bauten

Ganz schön schräg

Die architektonischen Einfälle, die sich im neuen Medienhafen aneinanderreihen, werden nach wie vor bewundert und lokalpolitisch beschworen, als läge Düsseldorfs Zukunft tatsächlich an den alten Hafenbecken und in den Händen seiner neuen Investoren. Die Leerstände der Büros sind dennoch beachtlich, und an trüben Abenden, wenn die Kneipengänger und Restaurantbesucher ausbleiben, vermittelt der Medienhafen manchmal eine bedrückende, wenn auch in einigen Ansichten schicke und durchgestylte Tristesse.

Berühmte Architekten wie Steven Holl, Claude Vasconi und David Chipperfield haben hier Bürohäuser und Hotels gebaut. Aber wirkliche Beachtung, zumindest beim Laienpublikum der Spaziergänger, finden nach wie vor die exzentrischen Gehry-Bauten, was an ihrer leicht schrägen, tänzelnden Optik und ihrer spiegelnden Oberfläche liegt. Sie sind weiß verputzt, mit glänzenden Blechen verkleidet oder massiv in Backstein gehalten. Die fotogensten Gebäude der Stadt sind auch ihr neues, immer wieder zitiertes Wahrzeichen.

Frank Owen Gehry, 1929 in Toronto geboren und seit 1947 in Kalifornien zu Hause, ist der Altmeister des sogenannten Dekonstruktivismus, und seine überraschenden Gebäude sehen gelegentlich – wie etwa das Stata Center in Boston – so aus, als wären sie nach einem Nervenzusammenbruch wieder aufgerichtet worden. Zu seinen spektakulärsten Entwürfen zählen das Guggenheim-Museum in Bilbao und die Walt Disney Concert Hall in Los Angeles, surreale Architekturkathedralen, die wie schwungvolle kubistische Träume wirken.

Die drei Düsseldorfer Gebäude wurden 1998/1999 errichtet. Die Asymmetrie der Turmbauten wird durch mehr als 1.500 unterschiedliche Fenster betont, die alle individuell angefertigt werden mussten.

Wahre Schönheit kommt nicht immer von innen: In den Gehry-Bauten sind die meisten Büros klein, bescheiden und unauffällig – ganz im Gegensatz zu den bestaunten Fassaden.

Adresse Neuer Zollhof 1–3, 40221 Düsseldorf | **ÖPNV** Bus 726, 732, NE 8, Haltestelle Rheinturm | **Öffnungszeiten** Bürogebäude in der Regel nur von außen zu besichtigen | **Tipp** Ebenso fotogen wie die Gehry-Bauten ist das neue »Stadttor« in ihrer unmittelbaren Nähe: ein futuristisch anmutendes Bürogebäude, das in einer gewagten Konstruktion aus Stahl und Glas eine Höhe von 75 Metern erreicht.

14 Das Heine Haus

Zufällig hier geboren

Natürlich ist nichts mehr so, wie es war, als Heinrich Heine im Dezember 1797 hier geboren wurde. Nach zahlreichen Umbauten und Kriegszerstörungen ist nur die Adresse die alte geblieben, aber eine originale Ausstattung, die an den Dichter erinnert, ist leider nicht vorhanden.

Heinrich Heine lebte bis zum Sommer 1816 in der Bolkerstraße 53. Dann verließ er Düsseldorf, um bei seinem Onkel Salomon in Hamburg in die Lehre zu gehen. Später studierte er Jura in Göttingen und Heidelberg, wurde zum Lieblingsfeind der preußischen Zensur und emigrierte schließlich 1831 nach Paris. Dort starb er 1856. Nach Düsseldorf ist er nie wieder zurückgekehrt, auch wenn er über die Stadt und die Bolkerstraße die oft zitierten Sätze schrieb: »Die Stadt Düsseldorf ist sehr schön, und wenn man in der Ferne an sie denkt und zufällig dort geboren ist, wird einem wunderlich zu Mute. Ich bin dort geboren, und es ist mir, als müßte ich gleich nach Hause gehn. Und wenn ich sage nach Hause gehn, so meine ich die Bolkerstraße und das Haus, worin ich geboren bin.«

Viele Jahre erinnerte nur eine Bronzetafel an den sperrigsten deutschen Klassiker, zwischen 1933 und 1945 war selbst die verschwunden, und da Heine Jude war, wurde sein Name von seinen Gedichten gestrichen. Aber heute ist zumindest Heines Geist reanimiert, der sich im Wesentlichen über seine Lust am intellektuellen Widerspruch definierte. In seinem Geburtshaus ist seit 2006 die Literaturhandlung Müller & Böhm zu Hause: ein Ort, der die literarischen Bedeutsamkeiten der letzten Jahrhunderte bereithält, in der unerschütterlichen Annahme, dass gute Bücher und ihre interessierten Leser die Welt verbessern werden.

Ungefähr an der Stelle, wo Heine geboren wurde, im Hinterhaus, befindet sich heute ein schöner, lichter Vortragsraum, in dem von den Buchhändlern Selinde Böhm und Rudolf Müller Lesungen mit international renommierten Autoren organisiert werden.

Adresse Bolkerstraße 53, 40213 Düsseldorf, Tel. 0211/20054294, www.heinehaus.de | ÖPNV U 70–U 79, U 83, Bus 780, 782, 785, 805, 817, SB 50, Haltestelle Heinrich-Heine-Allee | Öffnungszeiten Mo–Fr 10–19 Uhr, Sa 10–16 Uhr und während der Veranstaltungen | Tipp Die »Arche Noah«, das Haus von Heines Onkel Simon van Geldern, auf dessen Dachboden Heine als Kind häufig spielte, liegt in seiner etwas uncharmanten Nachkriegsversion in der Mertensgasse, einer Querstraße der Bolkerstraße.

15 Das »Hosen«-Grab

Kein Grund zur Traurigkeit

Irgendwann werden sie alle hier liegen: Andi, Breiti, Campino, Kuddel, Trini und vielleicht auch Vom, der aus England zu den »Hosen« kam. Ihre wichtigsten Mitarbeiter, die anfangs den klapprigen Opel anschieben mussten – ihr erstes Album »Opel-Gang« erschien 1983 – werden sich hier zur letzten Ruhe betten und natürlich auch einige von denen, die später aus dieser verschrappten Altstadt-Punk-Band Deutschlands erfolgreichste Rockband machten.

Eine kleine Grabplatte verweist auf Uwe Faust (1956–2009). Er war der Erste, der hier beigesetzt wurde: der Fahrer der »Hosen«, der schwergewichtige Ur-Roadie, der Junge, der die Band mit allem versorgte, auch mit Stoff, weshalb er einige Zeit im Knast saß. Die »Hosen« haben ihm das nie vergessen. »You'll never walk alone« haben sie auf seine Grabplatte geschrieben.

Seit 2015 liegt hier auch Jochen Hülder (geboren 1957). Er hat das Potenzial der Band erkannt, als es noch wenig zu erkennen gab und überhaupt nur Kuddel ein Instrument spielen konnte. Hülder hat die »Hosen« als Manager eng mit Düsseldorf verbunden: Sie waren Hauptsponsor von Fortuna Düsseldorf, als die Mannschaft keinen anderen mehr fand, sie unterstützten die DEG, als sie pleite war, und haben seit 1996 gelegentlich ihren eigenen Karnevalswagen. Sie waren also immer mittendrin im Düsseldorfer Leben. Das wird im Tod nicht anders sein. Dass es ein Jahr nach Jochen Hülder auch Wolfgang »Wölli« Rohde erwischte, erschütterte die Musikszene und die »Hosen«.

Viele Fans halten die Band für unsterblich, die »Hosen« tun es vermutlich auch (nicht nur wegen ihres gleichnamigen Albums). Wölli war von 1986 bis 1999 ihr Schlagzeuger. In seinen letzten Jahren tourte Rohde als »Wölli und die Band des Jahres« durch viele Clubs. Er wurde vom Trommler zum Sänger und sang auch mit seinem alten Kumpel Campino »Alles nochmal von vorn« und – als Motto am Ende – »Kein Grund zur Traurigkeit«.

Adresse Am Südfriedhof, Grabfeld 20, 40221 Düsseldorf | **ÖPNV** Straßenbahn 709, Haltestelle Südfriedhof | **Öffnungszeiten** täglich 8–19 Uhr | **Tipp** Auf dem Grabfeld 46 B befindet sich ein neuer, parkähnlich angelegter und teils mit Kunstwerken geschmückter Memoriam-Garten für etwa 600 Verstorbene.

16 Die Kaiserpfalz

Ein Blockbuster der Geschichte

Viel ist nicht mehr von ihr übrig. Und das bisschen, das noch steht und vor 100 Jahren aus einem Steinbruch rekonstruiert wurde, ist nicht so beeindruckend wie das wunderbare, aber längst vergangene Bild, das man sich von ihr machen kann. Die Kaiserpfalz war gigantisch, klotzig, mächtig und schön – ein Prachtbau, der immer wieder Feinde auf den Plan rief, die ihn zerstören wollten.

Im 11. Jahrhundert wurde der Königshof in Kaiserswerth von Heinrich III. zur Kaiserpfalz ausgebaut. Für die folgenden 200 Jahre sind insgesamt 57 Besuche von ihm und seinen Nachfolgern beurkundet, was zeigt, dass kein deutscher oder römischer Kaiser so ohne Weiteres an ihr vorbeikam. Es war Erzbischof Anno von Köln, der hier vor der noch stehenden Westwand der Pfalz einen echten Blockbuster der Geschichte inszenierte. Im Jahr 1062 lockte er den zwölfjährigen Thronfolger Heinrich IV. auf seine Jacht, um ihn dem Einfluss seiner Mutter, der Kaiserwitwe Agnes von Poitou, zu entziehen. Der Sage nach raubte Anno außerdem die Reichsinsignien, die angeblich zu dieser Zeit in Kaiserswerth aufbewahrt wurden. Kaiser Friedrich Barbarossa verlegte den kapitalkräftigen Rheinzoll im 12. Jahrhundert von Holland hierher, was zu allgemeinen Begehrlichkeiten und Belagerungen führte. Bereits 1215 wurde die Stadt durch den Grafen von Berg erobert, 33 Jahre später, nach einem Jahr Belagerung, durch Wilhelm von Holland.

Ab 1181 war das auf einer Rheininsel gelegene Kaiserswerth Reichsstadt, und bis zu ihrer endgültigen Eroberung im Spanischen Erbfolgekrieg 1702 war sie ein Lieblingsziel von Soldaten und Söldnern. Die Pfalz wurde noch im selben Jahr gesprengt, von der imposanten Anlage mit den mächtigen Wehrtürmen blieb nur ein Steinbruch. Die heutige Ruine zeigt die Mauerreste des sogenannten Palas, des eigentlichen Wohn- und Wehrgebäudes, sowie die Grundrisse des Bergfrieds und des Klevischen Turms.

Adresse Kaiserswerth, Burgallee, 40489 Düsseldorf | ÖPNV Bus 728, 749, 751, 760, Haltestelle Kaiserpfalz | Öffnungszeiten Karfreitag – 31. Okt. täglich 9 – 18 Uhr | Tipp Sehr schön ist das südlich der Pfalz und der »Galerie Burghof« gelegene »Haus Freiheit« des expressionistischen Dichters Herbert Eulenberg.

17__Little Tokyo

Lost in Translation

Hier ist Düsseldorf zwar nicht am schönsten, aber am geschäftigsten, und man begegnet in diesem Viertel zwischen Karlstraße, Berliner Allee, Graf-Adolf-Straße und Klosterstraße so vielen Japanern und Asiaten wie sonst nirgendwo in Deutschland. Seit den 1950er Jahren siedeln sich japanische Firmen in Düsseldorf an, und die Stadt, die sich zur Imagepflege gern selbst Klein-Paris nennt, kann man heute ebenso gut als Klein-Tokyo bezeichnen.

Der verstorbene Avantgarde-Musiker Klaus Dinger, Mitbegründer von Kraftwerk, La Düsseldorf und Neu!, widmete der Immermannstraße einen Track auf seinem letzten Album »Japandorf«. Sie ist die Hauptschlagader des Viertels. In ihr befinden sich das Deutsch-Japanische Center, das Hotel »Nikko«, das neuerdings »Clayton« heißt, und auch das erste japanische Restaurant, »Nippon-Kan«, wurde hier bereits 1964 eröffnet – an der Stelle des heutigen All-you-can-eat-Restaurants »Okinii«. Es gibt japanische Supermärkte, Buchläden, Bäckereien, Porzellan- und Teegeschäfte.

Die gastronomische Szene in diesem Quartier ist besonders interessant. Vielen Restaurants wird attestiert, dass sie eine authentische Küche anbieten, zumindest soweit das außerhalb Japans möglich ist. Im »Hyuga« in der Klosterstraße 78 essen und feiern die Angestellten japanischer Firmen, im »Yabase« ein paar Häuser weiter erlebt man diese Küche in ihrer manchmal irritierend puristischen Reduzierung auf eindeutige Geschmäcker. Auf international hohem Niveau kocht Yoshizumi Nagaya in seinen nach ihm benannten Restaurants »Yoshi« (Kreuzstraße 17) und »Nagaya« (Klosterstraße 42) – ästhetisch makellos und beeindruckend komponiert wie ein Zen-Garten. Beide Restaurants wurden mit Michelin-Sternen ausgezeichnet. Vor den Suppenküchen »Na Ni Wa« (Oststraße 55) und »Takumi« (Immermannstraße 28) stehen die Kunden selbst bei Minustemperaturen Schlange und studieren dabei die bebilderten Speisekarten.

Adresse Immermannstraße 31, 40210 Düsseldorf | **ÖPNV** Straßenbahn 701, 705, 706, 707, Bus NE 3, NE 4, NE 5, NE 7, Haltestelle Charlottenstraße/Oststraße | **Tipp** Ein sehr schöner japanischer Garten wurde im Nordpark angelegt, im Stadtviertel Golzheim.

18 Die Sammlung Philara

Kunst und Leidenschaft

Elektro Müller und Glas Lennarz – in beiden Hinterhöfen ist nicht drin, was außen draufsteht. Bei Müller war es das mittlerweile weltberühmte und nicht mehr existierende Kling-Klang-Studio der Techno-Pop-Kapelle »Kraftwerk«, bei Glas Lennarz ist es das Café, das zur noch nicht ganz so berühmten Sammlung Philara gehört. Für Puristen ist es eines der schönsten Cafés in Düsseldorf, und da es wenig frequentiert wird, ist es für Leute, die zu Hause arbeiten, aber doch in Gesellschaft sein möchten, ein geradezu idealer Ort – der, was nicht ganz unwichtig ist, von der unfassbar guten Kultbäckerei Bulle bespielt wird.

Man könnte vor Neid erblassen: Nicht nur das Café, auch die Sammlung ist reine Privatsache. Seit mehr als zwei Jahrzehnten sammelt der Immobilienmann Gil Bronner im großen Stil Kunst. Er kauft, was ihm gefällt, und zeigt es anderen. Die Sammlung Philara, die charmanterweise eine Wortschöpfung aus den Vornamen seiner Kinder ist, umfasst heute etwa 1.500 Werke aus allen Bereichen der gegenwärtig aktuellen Kunstszene. Gezeigt wurden und werden sie in wechselnden Ausstellungen auf einer insgesamt mehr als 2.000 Quadratmeter großen Fläche. Berühmte Leute sind hier am Start, nationale und internationale Größen, aber auch viele Düsseldorfer Eigengewächse, die, wenn man Bronner und seinen Instinkten folgt, noch eine große Zukunft vor sich haben. Er zumindest tut einiges dafür.

In Flingern scharen sich Galeristen, Sammler und viele junge Künstler und Künstlerinnen um die alte Glaswerkstatt, die so schön umgebaut worden ist, dass sie vom Bund Deutscher Architekten 2017 ausgezeichnet wurde und 2018 den Architekturpreis des Landes Nordrhein-Westfalen erhielt.

Aber da sich Kunst nicht an Wänden oder auf Sockeln erschöpft, gibt es hier auch Lesungen, Vorträge, Diskussionen und Konzerte. Igor Levit, einer der weltbesten Pianisten, spielte im November 2016 in dieser kunstvollen Glasfabrik.

Adresse Birkenstraße 47a, 40233 Düsseldorf, Tel. 0211/24862721, www.philara.de | ÖPNV Straßenbahn 709, Haltestelle Birkenstraße | Öffnungszeiten Fr 16–20 Uhr, Sa, So 14–18 Uhr | Tipp Schräg gegenüber gibt es die alte »Gaststätte Schmalbauch« als Gegenentwurf zu turbulenten Vernissage-Abenden in der Birkenstraße.

19__Das »Uerige«

Das letzte echte Volkstheater

Eigentlich müsste das Uerige *der* Uerige heißen, denn benannt ist es nach einem kantigen Braumeister, der im 19. Jahrhundert den damaligen Bergischen Hof übernahm und von seinen Gästen als besonders uerig empfunden wurde, was so viel wie »übel gelaunt« bedeutet. Er scheint dennoch charmante Seiten gehabt zu haben, denn das Uerige hatte Erfolg und zählt auch heute noch zu den unterhaltsamsten und beliebtesten Brauhäusern in Düsseldorf. Das liegt zumindest im Sommer auch an dem spontanen Theater, das vor dem Brauhaus auf der Rheinstraße veranstaltet wird. An schönen Tagen ist dort alles voll besetzt und zugestellt, ein abendliches Straßenfest, das schon mittags beginnt und dessen Zuschauer gleichzeitig die Akteure sind.

Das Uerige ist, vor allem in seinen alten Räumen, eines der letzten verbliebenen Reservate, in denen die empfindsame rheinische Seele mit ihrer Neigung zur heftigen Gemütlichkeit den Unberechenbarkeiten der Moderne widerstanden hat. Hier findet sie, mehr als anderswo, die Aufmerksamkeit, Beachtung, Neugierde und Zuwendung, die sie braucht, um überhaupt überleben zu können. Im hitzigen Halbdunkel des Lokals gleitet sie weg, hängt sich selbst und besseren Zeiten nach, blüht auf und erregt sich. Wer etwas zu sagen hat, sagt es deutlich, manchmal zu laut und mit dem ganzen Körper.

Man spricht Platt oder das, was man dafür hält, meist ist es ein selbst gebastelter Slang, der sich vom ungenauen Hörensagen ableitet, die Kommunikation aber enorm vereinfacht und die Dinge schnörkellos auf den Punkt bringt. Bei Alt und Mettbrötchen, bei den anderswo selten gewordenen Soleiern, bei importierten Spreewaldgurken und Laugenbrezeln sind alle gleich und manche natürlich etwas gleicher. Überhaupt erfährt man viel über Düsseldorf und darüber, wer wo gerade welche Rolle spielt, wer auf keinen grünen Zweig kommt und an wessen Ast gerade gesägt wird.

Adresse Berger Straße 1, 40213 Düsseldorf, Tel. 0211/866990, www.uerige.de | **ÖPNV** U 70–U 79, U 83, Bus 780, 782, 785, 805, 817, SB 50, Haltestelle Heinrich-Heine-Allee | **Öffnungszeiten** täglich 10–24 Uhr | **Tipp** Mit ihren internationalen Restaurants und den in alle Richtungen kompatiblen Küchenangeboten ist die Berger Straße zu einer global getakteten Genussstraße aufgestiegen.

20 Das »Alte Gasthaus Christ«

Wie ausgedacht

Für einen Moment hat es abends im Winter etwas Unwirkliches: Ein altes Haus, vollkommen überwachsen von Efeu und Glyzinen, aus dessen Fenstern ein warmes, anheimelndes Licht auf die dunkle Straße fällt, steht direkt an der verschneiten, spurlosen Landstraße unter einem fahlen Dezembermond. Wenn dann hinter den langsam fallenden Schneeflocken die Glocken der gegenüberliegenden Kirche tief in die Nacht schlagen, könnte ein Märchen von Wilhelm Hauff beginnen oder eine Weihnachtsgeschichte von Charles Dickens: ein Ziel für einsame Reisende, Fuhrmänner und geläuterte Kirchgänger im Sonntagsanzug.

Seit mehr als 300 Jahren ist das Haus im Besitz der Familie Christ-Loose, und heute erscheint es wie ein zeitloser Fluchtpunkt, eine ebenso glückliche wie ideale Einrichtung, die unbeschadet die Jahre überstanden hat. Das Gasthaus ist natürlich ein wenig sentimental – wie auch viele seiner Gäste es sind oder mit dem Weingenuss werden –, urgemütlich und museal, und deshalb wird hier gewissermaßen vierhändig die Melodie alter Zeiten und Dekorationen gespielt: Die Wände sind vollgepackt mit Erinnerungsstücken, Trödel und Antiquitäten. In den kleinen, verwinkelten Gasträumen wirkt dennoch alles authentisch, organisch gewachsen, kein Rührstück übertriebener Feierabendromantik, sondern ein Gasthaus, das über und durch die Jahrhunderte wurde, was es heute ist.

Die Küche ist sehr solide, bürgerlich wie die Anzüge der Kirchgänger und in einigen Gerichten noch ganz regional ausgerichtet, durchgekocht und lang geschmort, bietet also genau das, was man unter guter Landhausküche versteht – alles in allem ein Idealfall und vielleicht das letzte Original in einer Gegend, in der 1945 mit den historischen Städten auch die vielen Schifferkneipen und Fuhrmannsgasthöfe untergingen, die einmal die gastronomische Seite dieser Landschaft prägten.

Adresse Eltener Straße 425, 46446 Emmerich am Rhein, Tel. 02822/70302, www.altes-gasthaus-christ.de | ÖPNV Bus 92, 94, Haltestelle Hüthum Kirche | Anfahrt A 3, Ausfahrt Emmerich, B 220 Richtung Zentrum, rechts auf Eltener Straße bis Hüthum | Öffnungszeiten Mi–Sa 18–23 Uhr, So 17–23 Uhr | Tipp Gegenüber dem Gasthaus liegt die Pfarrkirche St. Georg, ein um 1900 errichteter neogotischer Backsteinbau.

21 Hoch-Elten

Über dem flachen Land

Es ist tatsächlich so: Niederländer sind verrückt nach Bergen. Und so ist es nicht besonders überraschend, dass man oben auf dem Eltenberg fast nur Niederländern in Hochstimmung begegnet. Das eigentliche Vergnügen ist das Obensein und das gelegentliche Runtergucken. Hoch-Elten liegt gute 70 Meter über Normalnull, während ein Viertel der Niederlande unter Normalnull liegt, was für viele Niederländer bedeutet, dass sie im Alltag zum Meeresspiegel aufblicken müssen.

Von hier oben kann man weit sehen. Rein theoretisch – und wenn der Horizont nicht in einem silbernen Dunst verschwindet – immerhin 30 Kilometer. Dieser auch strategisch wichtige Aspekt ist der Grund, dass Hoch-Elten schon früh besiedelt und militärisch genutzt wurde. Der sogenannte Drususbrunnen, dessen Schacht durch den Berg hindurch bis in die Ebene hinunterreicht, erinnert an die römischen Legionäre, die hier im Einsatz waren, und die Kirche St. Vitus ist das indirekte Vermächtnis des Grafen von Hamaland, der auf dem Eltenberg seine Holzburg hatte.

Ohne männliche Erben geblieben, schenkte er seine Ländereien Gott und dem Kaiser und begründete ein Damenstift, dessen erste Äbtissin seine Tochter Luitgard war. Seine andere Tochter Adela wurde, wie sie empfand, mit einigen feuchten Ländereien zwischen den mäandernden Rheinarmen abgespeist. Sie wurde zur gefürchteten Raubritterin. Eine wilde und kaltherzige Frau, grausam wie in einer griechischen Tragödie, die nicht davor zurückschreckte, ihren eigenen Sohn aus Machtgier zu ermorden, was ihr den Beinamen »Medea des Nordens« einbrachte. Vier Mal eroberte sie Hoch-Elten, vier Mal wurde sie von kaiserlichen Truppen verjagt. Bei einem Versöhnungsmahl soll sie schließlich ihre Schwester vergiftet haben. Vom Stift sind nur zwei Gebäude geblieben. Die Kirche, mehrfach durch Brand, Sturm und Truppen zerstört, wurde in den 1960er Jahren wieder aufgebaut.

Adresse Lindenallee, 46446 Emmerich am Rhein | ÖPNV Bus 92, 94, Haltestelle Elten Berg | Anfahrt A 3, Ausfahrt Elten, Richtung Elten, am Eltener Markt links auf die Bergstraße und weiter auf der Lindenallee bis Hoch-Elten | Tipp Sehenswert ist die vom historischen Marktplatz in Elten ausgehende Lindenallee nach Hoch-Elten mit altem Baumbestand.

22 Kilometer 852

Am Anfang einer Reise

Weltreisende wissen, dass es kaum etwas Aufregenderes gibt als eine Reise durch das eigene Land. Man kommt gewissermaßen aus dem Staunen nicht mehr heraus. Denn häufig genug ist man angenehm überrascht, wenn man Dinge und Orte zu sehen bekommt, die man so nicht erwartet hätte. Das Fernweh lenkt die Blicke naturgemäß hinter den Horizont, und das, was direkt und distanzlos vor der eigenen Haustür liegt, wird zum weißen Fleck, zu einem unbekannten Land. Der Autor und Reisende Wolfgang Büscher hat eines der besten, intensivsten und erfolgreichsten Bücher über Deutschland geschrieben, »Deutschland, eine Reise«. Diese Reise führt um Deutschland herum, an seinen alten und neuen Grenzen entlang, um anhand dieser Außensicht sein Inneres und sein wahres Wesen zu erkennen.

Büscher hatte die wunderbare Idee, seine Reise mit einem Sprung in den Rhein zu beginnen, in den deutschesten aller Flüsse, der lange Zeit nicht nur »Deutschlands Strom«, sondern auch »Deutschlands Grenze« war. Schwimmen im Mythos, mit und gegen den Strom, der wie das Gold der Nibelungen in der untergehenden Sonne glänzt, aber dessen nüchterne Alltäglichkeit heute auch durch die vielen Containerschiffe und Schubverbände symbolisiert wird, die ihn intensiv befahren.

An Kilometer 852, in den Wiesen gegenüber der Emmericher Promenade, wartete Büscher den Moment ab, da die Schiffe genügend Abstand zueinander hatten und er den Versuch wagen konnte, von einem Ufer ans andere zu schwimmen. Der Sprung ins kalte Wasser und das Abenteuer seiner Deutschlandreise begannen mit zeitnaher Symbolik und auch mit einer kalkulierten Ernüchterung: Weit abgetrieben hinter den »Germania Ölwerken«, ging Büscher in dieser mit viel Geschichte befrachteten Stadt an Land, die 1.000 Jahre alt sein müsste, aber wiederaufgebaut in ihrer heutigen Wirklichkeit kaum älter als der Autor ist.

Adresse Rheinufer gegenüber der Rheinpromenade, 46446 Emmerich am Rhein | **Anfahrt** A 3, Ausfahrt Emmerich, B 220 über den Rhein, links auf den Oraniendeich, Fußweg zum Rheinufer | **Tipp** Die Emmericher Rheinbrücke ist nicht nur eines der beliebtesten Fotomotive der Region, sondern mit einer Spannweite von 500 Metern die längste Hängebrücke Deutschlands.

23 Die Kirche St. Martini

Nah am Wasser gebaut

Rückblickend kann man sagen, dass dieser Kirche nichts erspart geblieben ist. In ihrer 1.300-jährigen Geschichte wurde sie vom Hochwasser weggerissen, von Feuer zerstört, von Osten nach Norden gedreht, von Menschen geplündert, beschlagnahmt, bestohlen, kurz vor ihrer 1.000-Jahr-Feier um ein Haar verkauft und schließlich im Zweiten Weltkrieg von so vielen Bomben getroffen, dass kaum ein Stein auf dem anderen blieb.

Dabei hatte alles so schön angefangen: Ihr erster Bau wurde am 11. März 700 vom heiligen Willibrord geweiht, der vom Papst mit Reliquien beschenkt und wenige Jahre zuvor in Rom zum ersten Bischof von Utrecht geweiht worden war. Mit Reisebischof Willibrord, dem »Apostel der Friesen«, begann die große angelsächsische Missionsbewegung, in deren Folge auch der heilige Suitbertus und der heilige Bonifatius, der »Apostel der Deutschen« und Fäller der den Sachsen heiligen Donar-Eiche, unterwegs waren. Mit der Arche, also dem vergoldeten Reliquienschrein, im Gepäck traf Willibrord vermutlich 697 in Emmerich ein, in dem Jahr, in dem er auch das heute weltberühmte Kloster im luxemburgischen Echternach gründete. Bei der Weihe der ersten Emmericher St.-Martini-Kirche legte Willibrord eine geweihte Hostie in die Arche, die 911 Jahre später, am 28. Oktober 1611, von Bischof Sasbold Vosmeer, der in der kirchenpolitischen Auseinandersetzung mit den Jesuiten einen besonderen Sinn für Effekte entwickelt hatte, feierlich verzehrt wurde.

Die Arche gehört trotz dieses Verlustes zu den großen niederrheinischen Kunstschätzen. Die Schatzkammer von St. Martini ist seit einigen Jahren sichtbarer Bestandteil des Kircheninnenraums. Hinter Panzerglas stehen goldglänzend wertvolle und kunstgeschichtlich bedeutende sakrale Werke, unter anderem ein Armreliquiar des heiligen Martin und eine silbergetriebene und teils vergoldete Reliquienstatue aus dem 15. Jahrhundert.

Adresse Martinikirchgang 3, 46446 Emmerich am Rhein | **ÖPNV** bEm, Haltestelle Alter Markt | **Anfahrt** A 3, Ausfahrt Emmerich, B 220 Richtung Zentrum, beim Steintor links zum Geistmarkt (Parkplätze), von dort zu Fuß weiter | **Öffnungszeiten** täglich, hl. Messe Di, Do 8 Uhr, Mi 9 Uhr, Fr 18 Uhr, Sa 17 Uhr | **Tipp** Das Rheinmuseum am Martinikirchgang 3 zeigt mit über 150 Schiffsmodellen, Werftnachbauten und beeindruckenden Präparaten der Rheinfische das Leben auf und im Wasser.

24 Das Steinkreuz

Ein perfekt vergessener Mord

Kreuze am Niederrhein sind an sich nichts Ungewöhnliches, man begegnet ihnen häufiger als in anderen Gegenden, und in früheren Zeiten war kaum ein Schritt möglich ohne Kniefall und Gebet. Als historische Wegkreuze stehen sie auch heute noch an alten Handelsstraßen und als denkmalgeschützte Hagelkreuze tief in den Feldern – unübersehbare Zeichen des Glaubens, der Liebe und der Hoffnung.

Das große Steinkreuz auf der Wiese an der Eltener Straße/Ecke Wardstraße erinnert allerdings an einen Mord: »Int jaer des heren MCCCCLXXXIII wart hier doet geslagen jan bongardt bidt voer die siel.« Eine Tafel vor dem Kreuz übersetzt ins Hochdeutsche: »Im Jahre des Herrn 1483 wurde hier tot geschlagen Jan Bongardt. Bete für die Seele.« Trotz dieser beständigen, in Stein gemeißelten Erinnerung wurde Jan Bongardt vergessen. Niemand weiß mehr, wer er eigentlich war. Auch sein Mörder ist heute unbekannt, und vielleicht war er es damals schon.

Das fast drei Meter hohe Kreuz lässt aber zumindest darauf schließen, dass der Erschlagene und seine Hinterbliebenen vermögend waren, was spätere Generationen auf die zwingende Idee brachte, dass der Mörder arm gewesen sein muss. Logisch lässt sich eine solche Vermutung natürlich nicht aufrechterhalten, sozialromantisch und pädagogisch allerdings schon. Deshalb nahmen Pädagogen an, das Opfer sei Schüler in Emmerich gewesen, ebenso wie sein Mörder. Und der soll Hunger gehabt haben. Vermutlich ging es um ein Pausenbrot. Lehrer können ein Lied davon singen. Eine Vertiefung im Sockel des Kreuzes soll – weiß der Himmel, warum – ebenfalls ein versteckter Hinweis darauf sein. Auch wenn man zu dieser Annahme die Kombinationsschärfe von Sherlock Holmes und Dr. Watson braucht, wurde die Geschichte rüpelhaften Schülern erzählt, mit der nicht von der Hand zu weisenden Moral, dass man Menschen nicht einfach so in der Pause erschlägt. Zumindest nicht in Emmerich.

Adresse Eltener Straße (B 8), am Abzweig Wardtstraße, 46446 Emmerich am Rhein-Hüthum | **ÖPNV** Bus 94, Haltestelle Ingenkampstraße | **Anfahrt** A 3, Ausfahrt Emmerich, B 220 Richtung Zentrum, rechts auf die Eltener Straße (B 8), im Ortsteil Hüthum links auf die Wardter Straße, Kreuz an der Abzweigung | **Tipp** Das kleine Schlösschen Borghees aus der ersten Hälfte des 18. Jahrhunderts an der Hüthumer Straße ist Außenstelle des Emmericher Standesamtes, Kulturzentrum und Ausflugscafé in einem.

25 Die Steprather Mühle

Wieder unter Wind

Etwa 170 Windmühlen sind am Niederrhein noch in irgendeiner Form erhalten – als Ruinen, Lagerräume, Gaststätten oder Wohntürme. Was so gern als niederrheinisches Wahrzeichen folkloristisch aus einer anderen Zeit über die Felder winkt, ist oft in einem erbarmungswürdigen Zustand: flügellos und ohne Haube, sinnlos eingemauert oder kurios verglast. Nur wenige Mühlen sind als Kultur- und Industriedenkmäler überhaupt noch in Betrieb, und auch nur dann, wenn sie nach einem langen Schlaf von Enthusiasten wieder wachgeküsst wurden.

Auch die Steprather Mühle kam erst ins Leben zurück, als ihre Liebhaber 1990 einen Verein zu ihrer Förderung gründeten. Nach fünf Jahren und ungezählten ehrenamtlichen Arbeitsstunden nahm sie ihren Betrieb wieder auf. Die 1452 von Freiherr Heinrich Schenk von Nydeggen erbaute Turmwindmühle gehörte zu den ersten im Rheinland, die mit einer drehbaren Haube ausgestattet waren. Das hob die Effektivität gewissermaßen in den Himmel, denn jetzt war es gleichgültig, aus welcher Richtung der Wind wehte. Diese technischen Wunderwerke verloren erst im 19. Jahrhundert an Bedeutung, als Dampfmaschinen und Motoren andere und größere Mühlen ganz unabhängig vom Wetter betreiben konnten. Die Steprather Mühle soll es immerhin bis in die Mitte des 20. Jahrhunderts geschafft haben, bevor der letzte Müller, Bartholomäus Brauwers, ihr den Wind aus den Flügeln nahm.

Die ursprünglichen Pläne des Fördervereins, nicht nur zu mahlen, sondern auch gleich weiterverarbeitend das Brot zu backen, ließen sich nicht ganz realisieren. Das neue Backhaus war nur kurz in Betrieb und rechnete sich nicht, aber das Mehl, das in der nach einem frühen Besitzer, Dietrich von Steprath, benannten Mühle heute wieder gemahlen wird, kann man kaufen. Außerdem gibt es Brot und Marmeladen, Honig, Würste, Griebenschmalz und eine hochprozentige Kreation, die sich »Mühlengeist« nennt.

Adresse Schmalkuhler Weg 5, 47608 Geldern-Walbeck, Tel. 02831/98558 (während der Öffnungszeiten), www.muehle-walbeck.de | **ÖPNV** Bus SL 3, Haltestelle Schmalkuhler Weg | **Anfahrt** A 57, Ausfahrt Alpen, auf der B 58 und der B 9 Richtung Geldern, in Veert links auf die Walbecker Straße, ins Zentrum, rechts auf den Schmalkuhler Weg; alternativ A 40, Ausfahrt Straelen, auf der B 221 bis Straelen und auf der L 361 bis Walbeck, links auf der Walbecker Straße ins Zentrum, rechts auf den Schmalkuhler Weg | **Öffnungszeiten** Sa, So, Feiertage 10–17 Uhr | **Tipp** Rund um Geldern gibt es schöne, bequeme und gut beschilderte Radwanderrouten, die sich entsprechend der eigenen Kondition gut kombinieren lassen.

26 Das Arnold-Janssen-Haus

Der letzte Heilige

Vermutlich liegt es am fabulösen Religionsunterricht oder an der Einsicht in die Notwendigkeit, religiöse Ereignisse besonders dramatisch darstellen zu müssen: Heilige sollen jedenfalls, so lautet die landläufige Auffassung, erst durch die Hölle körperlicher Qualen gehen, bevor sie in den Himmel und als Vorbilder wieder zurück auf die Erde kommen. Man stellt sie sich geteert und gefedert vor, zumindest von Pfeilen durchbohrt oder enthauptet, aber immer standhaft und beseelt.

Der heilige Arnold Janssen erlitt im Leben und Sterben vermutlich ganz alltägliche und menschliche Qualen, vor denen niemand gefeit ist. Er starb mit 72 Jahren im Bett. Geboren wurde er am 5. November 1837 als Sohn eines Fuhrmanns. Der besonders begabte Junge ging als einer der ersten Schüler in das Collegium Augustinianum in Gaesdonck, studierte später Philosophie, Mathematik und Theologie und wurde am 15. August 1861 mit erst 23 Jahren zum Priester geweiht. Arnold Janssen ist der Begründer der weltweit agierenden Steyler Mission, eines Werkes, das heute in etwa 60 Ländern mit mehr als 10.000 Missionaren und Missionarinnen vertreten ist.

Sein Geburtshaus ist schlicht, fast karg und mit nur wenigen überlieferten Ausstellungsstücken zurückhaltend museal. Es sieht dort aus wie in einem aufgeräumten Pfarrhaushalt. Leider lässt nichts mehr davon ahnen, dass der letzte Heilige vom Niederrhein in einer lauten Großfamilie mit sieben Geschwistern und den Knechten seines Vaters aufwuchs. Er war ein kleiner Mann. Vielleicht auch ein Exzentriker, was am Niederrhein gelegentlich vorkommt und auch nicht überrascht, wenn man bedenkt, dass die ersten Missionare aus England stammten und ihnen eine gewisse Exzentrik in die Wiege gelegt wurde. Arnold Janssen schlief in seinem Schreibtisch, unter der Schreibplatte – also in einem metaphorischen Sinn inmitten seiner Arbeit, zwischen seinen Ideen und Worten.

Adresse Frauenstraße 8, 47574 Goch, Tel. 02823/970813, www.museum-goch.de | ÖPNV SL 11, 12, 13, 17, 18, Bus 47, 74, Haltestelle Markt | Anfahrt A 57, Ausfahrt Goch, auf die B 67, links auf den Südring, rechts Richtung Markt (Parkplätze) | Öffnungszeiten Sa, So 13–17 Uhr | Tipp Das 1550 erbaute »Haus zu den fünf Ringen« in der Nähe des Markts in der Steinstraße 1, ein imposanter dreistöckiger Backsteinbau mit Stufengiebeln, gilt als eines der schönsten Patrizierhäuser am Niederrhein.

27 Das Kloster Graefenthal

Nichts bleibt!

Es war eine schöne Idee, die der Düsseldorfer Hofgärtner Maximilian Friedrich Weyhe hatte, als er Anfang des 19. Jahrhunderts nach der Säkularisation des Klosters vom neuen weltlichen Besitzer beauftragt wurde, die Anlagen und den Klosterpark neu zu gestalten. Weyhe wollte das unter freiem Himmel stehende Hochgrab Ottos II. von Geldern auf eine kleine Insel in eine englisch inspirierte Parklandschaft setzen, ähnlich dem Grabmal des französischen Philosophen Jean-Jacques Rousseau (1712–1778) in Ermenonville bei Paris. Auch wenn vom Grafen Otto keine philosophischen Gedanken oder bewegenden Worte überliefert sind, so wäre doch allein der Anblick seines erhöhten Grabes in einer naturnahen Parklandschaft Anlass genug gewesen, sich Gedanken über das Leben und Sterben zu machen. Aber aus Weyhes Plänen wurde leider nichts, und Graefenthal dämmerte in einem Zustand der Ratlosigkeit und Unentschiedenheit dahin, der erst vor wenigen Jahren mit Hilfe neuer Initiativen beendet wurde.

In den Restbeständen des alten Zisterzienserinnenklosters positioniert sich heute eine agile Eventlocation, in der Ritterspiele, Weinfeste und Weihnachtsmärkte veranstaltet werden. Die Stiftung und Gründung des Klosters 1248 geht vermutlich auf Margaretha von Kleve zurück, die Gattin Ottos II. Graefenthal wurde zu einer hochadligen Klosteranlage ausgebaut, geschützt und gefördert durch den Papst, der zur nachhaltigen Finanzierung den lukrativen Ablasshandel erlaubte.

In den folgenden fast 200 Jahren wurde Graefenthal zur Grablege der geldrischen Herzöge: 10 Grafen und Herzöge wurden hier bestattet. Einzig erhalten und nachweisbar ist die Tumba Ottos II. Dessen stark verwittertes Grab, das heute unter einer futuristisch anmutenden Glaskonstruktion steht, war an dieser Stelle ursprünglich vom Chor der Klosterkirche überbaut. Die Liegefigur des Grafen ist ebenso verschwunden wie die Kirche, in der er ruhte.

Adresse Maasstraße 50, 47574 Goch, Tel. 02823/9288780, www.kloster-graefenthal.de | ÖPNV Bus SL 11, Haltestelle Graefenthal | Anfahrt A 57, Ausfahrt Kleve, B 9, links auf die Asperdener Straße, rechts auf die Maasstraße, Kloster ausgeschildert | Öffnungszeiten täglich 11–17 Uhr | Tipp In der Nähe des Klosters liegen der Kesseler See und das Freizeitzentrum »Goch Ness« mit Naturfreibad und Wasserlandschaft.

28 Das Freilichtmuseum

Aus dem richtigen Leben

Man muss schon aufpassen. Denn die Menschen früher waren klein, kaum größer als heranwachsende Kinder, und entsprechend niedrig sind die Türbalken. Gut umpolstert stören sie das authentische Bild der alten Bauernhäuser ein wenig, aber so wird immerhin das Schlimmste verhindert. Gegenwartsmenschen stoßen sich nämlich ständig den Kopf. Der entschlossene Schritt aus den Katen und Werkstätten wieder hinaus ins Licht bekommt also vielleicht einen irritierenden Dämpfer.

Überhaupt sind die Gefühle und Gedanken der Besucher durchaus zwiespältig. Viele Räume sind so eingerichtet, dass man glauben könnte, die Bewohner seien nur mal eben nach draußen aufs Feld gegangen oder in den nahen Stall, um dort die Hühner zu füttern, die man gerade noch fotografiert hat. Man steht also wie bei Fremden in der Küche und wirft neugierig, vielleicht auch etwas verlegen einen Blick auf einen halb gedeckten Tisch oder in ein klammfeuchtes Schlafzimmer. Im Bett liegt eine Holzpuppe, zugedeckt bis zur Nasenspitze. Richtige Menschen, die ins Bild passen, gibt es nur bei Veranstaltungen zu sehen, wenn Handwerker zeigen, wie man Pferde beschlägt, Körbe bindet oder Dächer deckt. Die anderen Mitarbeiter tragen, wie die Besucher, für gewöhnlich Jeans und Sneakers.

Die Menschen, die in diesen an den Niederrhein versetzten Häusern lebten, sind zumindest rechnerisch nicht sehr weit von uns entfernt. Auch wenn manche Häuser aus dem 17. Jahrhundert stammen, wurden sie bis ins 20. Jahrhundert hinein bewohnt, und der gut gemachte, handliche Museumskatalog zeigt Bilder ihrer früheren Standorte und ihrer teils erbärmlichen Zustände. Gruppiert sind die Häuser, Werkstätten und Höfe um die unversetzte Dorenburg, ein Wasserschloss aus dem frühen 17. Jahrhundert. In ihrer großen Scheune ist heute zur Ergänzung der Freilichtanlage ein sehr schönes Spielzeugmuseum untergebracht.

Adresse Am Freilichtmuseum 1, 47929 Grefrath, Tel. 02158/91730, www.kreis-viersen.de | **ÖPNV** Bus 19, 62, Haltestelle Eissportzentrum | **Anfahrt** A 40, Ausfahrt Wankum/Grefrath, auf der L 39 bis Grefrath, der Beschilderung zum Freilichtmuseum folgen; alternativ A 61, Ausfahrt Nettetal, auf der L 373 Richtung Nettetal, auf die B 509 rechts nach Grefrath, dort links in die Bahnstraße und weiter auf der Stadionstraße zum Parkplatz | **Öffnungszeiten** April–Okt. Di–So 10–18 Uhr, Nov.–März Di–So 10–16 Uhr | **Tipp** Das Eissportzentrum in der Nähe des Freilichtmuseums hat von Ende September bis März Eislaufsaison und bietet in der eisfreien Zeit ein sattes Programm von Volksmusik bis zu Zirkusgastspielen.

29 Das Kloster Marienthal

Im Windschatten der Moderne

Über 1.000 Jahre lang waren sie so eng miteinander verbunden, dass die eine ohne die andere nicht denkbar war. Kirche und Kunst waren ein glänzendes Paar – unerhört reich, elegant, schön und vollkommen überzeugt von dem, was sie gemeinsam taten. Erst der Bildersturm infolge der Reformation und der Religionskriege trennte sie.

Es war ein langer und manchmal auch schmerzhafter Abschied. Mit dem Beginn der Moderne schien er endgültig vollzogen, aber die Sehnsucht, die alte, einst so glückliche Verbindung wieder neu zu beleben, besteht bis in die Gegenwart. Anfang des 20. Jahrhunderts versuchten sich französische Schriftsteller und Künstler an einer Erneuerung des Katholizismus mit Hilfe der Kunst. Augustinus Winkelmann (1881–1954), der Pfarrer von Marienthal, hatte in Paris studiert und die Erneuerungsgedanken mit an den Rhein gebracht. Beeinflusst vom französischen Schriftsteller Paul Claudel und vom italienischen Religionsphilosophen Romano Guardini, versuchte er, ein geistiges und religiöses Zentrum zu schaffen, das im Windschatten der Moderne verlorenes Terrain zurückgewinnen sollte.

Die 1345 erbaute spätgotische Kirche des ältesten deutschen Augustiner-Eremitenklosters (heute ein Karmeliterkloster), 1253 gegründet und 1806 vom preußischen Staat übernommen, wurde ebenso wie die Mönchszellen und einige Gräber des Kirchhofs von Künstlern neu gestaltet. Heinrich Campendonk, Jan Thorn Prikker, Jupp Rübsam und Helmuth Macke arbeiteten in Marienthal. Die von Anton Wendling und Heinrich Dieckmann gestalteten Kirchenfenster wurden nach ihrer Einsetzung öffentlich debattiert wie vor einigen Jahren die Fenster von Markus Lüpertz und Gerhard Richter in Kölner Kirchen.

Marienthal nahm auch nach dem Tod Winkelmanns, der neben dem Kirchenportal bestattet ist, Einfluss auf die moderne sakrale Kirchenkunst der letzten Jahrzehnte.

Adresse An der Klosterkirche 8, 46499 Hamminkeln-Marienthal, Tel. 02856/91830, www.karmel-marienthal.de | ÖPNV Bus 72, Haltestelle Marienthal Kirche | Anfahrt A 3, Ausfahrt Wesel, Richtung Schermbeck, links auf den Postweg, dann halb rechts auf die Marienthaler Straße bis Marienthal, Kloster ausgeschildert | Öffnungszeiten Klosterkirche täglich; Pfarrbüro Mo–Fr 10–11.30 und 15–18 Uhr | Tipp Rund um die Marienthaler Kulturwiese führt der »Weg der Poesie« mit jahreszeitlich wechselnden Gedichttafeln.

30 Das Begas Haus

Der andere Blick

Es ist eines der schönsten Museen am Niederrhein. Und wie so viele kleinere Museen ist es völlig unterschätzt und auch weitgehend unbekannt. Das liegt sicher an den fehlenden Werbeetats, die heute nötig sind, um ein sattes und verwöhntes Publikum an einen gut gedeckten Tisch zu bringen. Es liegt auch daran, dass man kleineren Städten solche kunstgeschichtlichen Schwergewichte wie die Künstlerdynastie der Begas einfach nicht zutraut.

Carl Joseph Begas wurde 1794 in Heinsberg geboren, wuchs in Randerath und Dremmen auf, studierte in Bonn und Paris, hatte intensive Verbindungen zur Düsseldorfer Malerschule und reiste als Stipendiat des preußischen Königs einige Jahre durch Italien. In Rom schloss er sich den gutgläubigen Nazarenern an, in Berlin den aufgeklärten Monarchisten. Er porträtierte Prinzen und Prinzessinnen, Fabrikanten und ihre Witwen, Weltreisende und Philosophen und zeigte seine künstlerische Tiefe in großartigen Selbstbildnissen. Er und seine vier Söhne waren Superstars einer akademisch orientierten Kunstszene. Ihre Porträts, Denkmäler und Büsten bestimmten in Salons, Palästen und auf Plätzen die öffentliche Wahrnehmung »großer und bedeutender Männer«.

Die Idee, sich in Heinsberg museal auf die Familie Begas zu konzentrieren, aus der insgesamt zehn Künstler und Künstlerinnen hervorgingen, wurde schon unmittelbar nach dem Krieg formuliert, als das Kreismuseum neu positioniert werden musste. Damals fehlten die Mittel und auch die Bilder. Seit 2009 kann das Museum in sehr schönen, klassizistisch anmutenden Räumen 130 Arbeiten präsentieren und in ihre kunstgeschichtlichen Zusammenhänge stellen. Es gibt herausragende Kataloge, von denen der früheste nur noch antiquarisch zu haben ist und wie eine Tarnschrift tituliert wurde: »Blick in die Heimat«, ein lokales Zuckerl für die Heimatfreunde. Tatsächlich stellt er ein umfassendes Werkverzeichnis dar.

Adresse Hochstraße 21, 52525 Heinsberg, Tel. 0245/2977690, www.begas-haus.de | ÖPNV Bus 403, 405, 410, 413, 436, 472, 474, 475, Haltestelle AOK | Anfahrt A 46, Ausfahrt Heinsberg, der Beschilderung zur Ortsmitte folgen | Öffnungszeiten Di–Sa 14–17 Uhr, So 11–17 Uhr | Tipp Eines der schönsten Gebäude am Niederrhein ist das alte Rathaus aus dem 16. Jahrhundert in Erkelenz, etwa 20 Kilometer vom Begas Haus entfernt.

31 Der Adolfosee

Stilles Wasser

Am Niederrhein gibt es eine ganze Reihe attraktiver Baggerseen, die sich »Meer«, »Nordsee« oder »Südsee« nennen und mit Beachpartys und Wasserskianlagen für jede Menge Urlaubsstimmung sorgen. Der Adolfosee in Ratheim hingegen ist ganz bescheiden nach einem ehemaligen Bundestagsabgeordneten benannt. Das ist nicht gerade sexy, aber war naheliegend, da Adolf Spies von Büllesheim (1929–2011) der Besitzer dieses Sees war. Der volksnahe Freiherr war Jurist, Landwirt und Bürgermeister von Hückelhoven, mit einer zielsicheren Sprache begabt und politisch nicht immer ganz korrekt. Dennoch erhielt er verschiedene große Verdienstorden. Der Adolfosee soll zuvor nach der Firma, die hier abbaggerte, Lago Laprello geheißen haben, was die heute noch bestehende Italianisierung von »Adolf« erklärt.

Der See ist relativ klein, knapp einen Kilometer lang und einen halben Kilometer breit. Er liegt direkt an der vorbeifließenden Rur, was ihm etwas Authentisches verleiht, so als wäre er von Anfang an dabei gewesen. Unter der Woche hat man diesen See oft für sich allein. Und das ist das Besondere. Es sind dann nur ein paar Hunde hinter Enten her, das eine oder andere Ehepaar dreht auf E-Bikes eine Runde um den See, draußen gleitet vielleicht still eine Jolle des Ratheimer Segelclubs vorbei, Angler beobachten ihre Posen und füttern an, denn der See ist fischreich, und neuerdings machen ein paar Biber Knabbergeräusche. Das ist auch schon alles. Man ist ungestört wie an keinem anderen See, kann lesen, picknicken, die Füße ins klare Wasser halten, den Himmel oder die aus dem Wasser ragenden Reste der vier gesprengten Bunker aus dem Zweiten Weltkrieg betrachten. Früher verlief hier der Westwall.

An lauen Sommerabenden und vor allem an den Wochenenden sieht es natürlich anders aus. Dann ziehen junge Heinsberger mit intensiver Beschallung an die Ufer des Adolfosees und lassen ganz ungeniert die Sau raus.

Adresse Ziegelweg, 41836 Hückelhoven-Ratheim | ÖPNV Bus 401, 402, Haltestelle Ratheim Ziegelweg | Anfahrt A 46, Ausfahrt Hückelhoven-West, Richtung Ratheim, links abbiegen in die Hagbrucher Straße, rechts in die Burgstraße, erste Straße links in den Ziegelweg | Tipp Seit 80 Jahren erfüllt das mittlerweile legendäre »Eiscafé Peters« in Alt-Ratheim sommerliche Sehnsüchte (Am Kirchweg 17).

32 Das Haus Esselt

Der Traum des Ruhelosen

Bereits in den 1920er Jahren, nach seiner Rückkehr von der damaligen Aussteiger- und Künstlerinsel Capri, lebte Otto Pankok mit seiner Familie in Drevenack. Aber erst 1958, also fast 30 Jahre später, konnte er Haus Esselt kaufen, einen Landsitz aus dem 17. Jahrhundert.

Pankok war damals 65 Jahre alt und hatte gerade seine Lehrtätigkeit an der Düsseldorfer Kunstakademie beendet. Als Künstler, der immer Teil hatte am Kunstbetrieb, aber doch nie richtig dazugehörte, saß er zwischen vielen Stühlen und Welten der Zwischenkriegsmoderne. Auf zahlreichen Reisen quer durch Europa suchte er seinen eigenen Weg zu finden, blieb aber in seiner humanistisch-sozialen Weltsicht und in seiner grafischen Ausdrucksweise ein Leben lang seinem Vorbild Vincent van Gogh verpflichtet. Von den nationalsozialistischen Kunststürmern wurde Pankok als »entartet« diffamiert, was wirtschaftlich ruinös und vor allem lebensgefährlich sein konnte. Seine Arbeiten wurden während der Nazidiktatur beschlagnahmt und aus Galerien und Museen entfernt. Ein Großteil seines plastischen Werks verbrannte, als sein Düsseldorfer Atelier während eines Bombenangriffs zerstört wurde.

Trotz vieler Rückschläge und Verluste sind etwa 5.000 großformatige Kohlebilder, 600 Holzschnitte und beinahe ebenso viele Radierungen von Pankok erhalten geblieben. Die meisten Arbeiten, also praktisch und mit wenigen Ausnahmen das gesamte Lebenswerk, besitzt das 1968 von seiner Witwe und seiner Tochter gegründete Otto-Pankok-Museum. Es befindet sich in Pankoks ehemaligem Atelier, dem alten Wirtschaftsgebäude von Haus Esselt, das kürzlich umfassend renoviert wurde. Der ungewöhnlich große Fundus ermöglicht immer wieder neue Wechselausstellungen und Sichtweisen, in denen Pankoks Werden und Wirken präsentiert wird. Die sehr umtriebige Otto-Pankok-Gesellschaft organisiert in unregelmäßigen Abständen zahlreiche kulturelle Veranstaltungen.

Adresse Otto-Pankok-Weg 4, 46569 Hünxe-Drevenack, Tel. 02856/754, www.pankok-museum-esselt.de | Anfahrt A3, Ausfahrt Wesel, auf der B58 Richtung Schermbeck, hinter Pedderberg links auf den Postweg, dann links auf Am Bauernschott zum Otto-Pankok-Weg, Museum ausgeschildert | Öffnungszeiten April–Okt. Fr 14–18 Uhr, Sa, So 10–18 Uhr, Nov.–März Sa, So 10–18 Uhr; 15. Dez.–15. Jan. geschlossen | Tipp Der »Landgasthof Voshövel« ist zwar noch in einigen historischen Bereichen erhalten, wurde aber zu einer sehr modernen, sehr schön gestylten und entsprechend ambitionierten Hotel- und Wellness-Anlage umgebaut.

33 Die Fleuthkuhlen

Zwischen Donken und Kendeln

Jemand hat sich die Mühe gemacht, alle Gewässer zu zählen, die im Gebiet der Fleuthkuhlen zwischen Issum und Geldern zusammenhängen und diese im Verschwinden begriffene Landschaft prägen. Es sollen 45 sein. Wer sich über die Donken und Kendeln aufmacht, um eine der letzten abwechslungsreichen und naturnahen Kulturlandschaften in dieser Gegend zu erkunden, muss also eventuell mit nassen Füßen rechnen. Wie auch andernorts am Niederrhein ist deshalb das Fahrrad das beste und rücksichtsvollste Mittel, um von einem Ort zum anderen zu gelangen. Einige gut ausgebaute Wirtschaftswege erleichtern das Fahren auch bei Wind und Wetter.

Als Donken werden in dieser eiszeitlich geprägten Auenlandschaft die etwas höher gelegenen Plateaus bezeichnet, trockene Aufschüttungen und Ablagerungen, auf denen heute noch Landwirtschaft betrieben wird und wo die Höfe und Siedlungen liegen. Kendel sind Bäche oder mit ihnen verbundene Wasserläufe und Rinnen, die unterhalb der Donken die Niederungen ent- und bewässern.

Abhängig vom Regen und vom steigenden oder fallenden Grundwasser verändert sich diese Kendellandschaft ständig, was ihren besonderen Reiz ausmacht. In den Niederungen hat sie etwas Urtümliches, was vor allem daran liegt, dass sich größere Teile der Fleuthkuhlen einer landwirtschaftlichen Nutzung bis heute entziehen. Diese letzten, nur schwer zugänglichen Minireservate, in denen an manchen Stellen noch die Restbestände alter Auenwälder auszumachen sind, bieten gemeinsam mit der traditionellen bäuerlichen Kulturlandschaft, die wie am gesamten Niederrhein gegenwärtig von einer modernen, monotonen und güllebelasteten Mais-Unkultur massiv bedroht wird, eine bemerkenswerte Vielfalt von seltenen Pflanzen und Tieren. Allein zwölf Fledermausarten, darunter auch der Große Abendsegler, regen die Phantasie abendlicher Wanderer an, wenn sie lautlos und schnell über die offenen Wege fliegen.

Adresse Gebiet zwischen 47608 Geldern, 47661 Issum und 47608 Kapellen an der Fleuth | **ÖPNV** SL 4, Haltestelle Haus Beerenbrouck (an der L 89) | **Anfahrt** A 57, Ausfahrt Alpen, auf der B 58 Richtung Issum, kurz vor Geldern rechts auf die Beerenbrouckstraße (L 89) und durch die Fleuthkuhlen | **Tipp** Der Heitkampsee nordöstlich von Geldern gilt als eines der fischreichsten Gewässer der Region mit Populationen von Karpfen, Hecht und Zander, Brasse, Schleie und Aal.

34__Garzweiler

Ende Gelände

»Der Weg lohnt sich!« Das ist das Versprechen, das Rheinbraun, das sich heute RWE Power nennt, seinen Besuchern gibt, die über die gut ausgebaute Straßen zu den Aussichtsplattformen fahren. Warum er sich lohnt, wird nicht erläutert. Vermutlich spekulieren die Rheinbraun-Werbetexter darauf, dass die meisten Besucher begeistert sein werden. Und nicht vor Entsetzen in Ohnmacht fallen angesichts dieser gigantischen und vermutlich größten Umweltzerstörung in Mitteleuropa. Vielleicht hoffen die Energiekommunikationsspezialisten auf Gemüter, die große Bagger imposant finden. Diese hier sollen immerhin 200 Meter lang sein, und der größte, der Bagger 288, wurde schon in Actionfilmen als Kulisse eingesetzt.

Sechs von ihnen haben ein 300 Meter tiefes und 35 Quadratkilometer großes Loch gebaggert, dessen weit entfernte Ränder von den Besucherplattformen kaum auszumachen sind. Eine Landschaft ist komplett verschwunden, und es lohnt sich, Überlegungen anzustellen, wie dieser immense Schaden wiedergutzumachen ist. Vermutlich überhaupt nicht. Allerdings hat Rheinbraun versprochen, in dieser von Naherholungsgebieten gesättigten Landschaft ein weiteres Naherholungsgebiet entstehen zu lassen, in dem alle Kohlendioxid-Geschädigten wieder nach Luft schnappen können.

Im größten Loch Europas wird zumindest noch bis 2030 Braunkohle abgebaggert, und deren Verbrennung garantiert ein Drittel der Kohlendioxid-Emissionen in Nordrhein-Westfalen. Angesichts der weltweiten Klimadebatte könnte man Garzweiler – benannt nach einem längst abgebaggerten Dorf – für einen schlechten Witz halten. Oder für das kaltschnäuzige Beispiel, dass Umweltversprechen durch gegenteilige Tatsachen einfach widerlegt werden können. Es gehört zu den komplexen rheinischen Mysterienspielen, dass alle politisch Verantwortlichen irgendwann für das Loch und dann wieder dagegen sind, bevor sie es sich erneut anders überlegen.

Adresse Aussichtspunkt Jüchen, 41363 Jüchen | **ÖPNV** DB, Haltestelle Jüchen, von dort circa 500 Meter Fußweg | **Anfahrt** A 46, Ausfahrt Grevenbroich, Richtung Grevenbroich, erste Straße rechts zum Braunkohletagebau, auf der Grubenrandstraße zur Besucherplattform (ausgeschildert) | **Öffnungszeiten** täglich 9–19 Uhr | **Tipp** Schöner als das Original: Nördlich von Jüchen erstand Neugarzweiler in Wohlhabenheit und mit Straßen, die sich unter anderem »Unter den Linden« und »Garzweiler Allee« nennen.

35 Der Park von Schloss Dyck

Blaikies englischer Garten

Es liegt an seiner alten, feudalen Grundstruktur, an den Kleinstaaten, den wechselnden Bündnissen durch Heirat und Diplomatie, den Erbstreitigkeiten, Grenzziehungen und nicht zuletzt an den vielschichtigen Ambitionen der damaligen Großmächte, dass es am Niederrhein fast ebenso viele Burgen, Schlösser und Herrenhäuser wie Kirchen zu geben scheint. Eines der schönsten und großartigsten ist zweifellos Schloss Dyck. Das Wasserschloss geht auf eine hochmittelalterliche Gründung zurück, wurde im 17. Jahrhundert runderneuert und von späteren Erben nach dem jeweiligen Zeitgeschmack verändert.

Begonnen hat die durch die Jahrhunderte fortgeführte Baugeschichte vermutlich mit Hermannus de Dicco im 11. Jahrhundert. Dessen Nachfahren waren wie er selbst streitbare Naturen, die aus ihren befestigten Inselburgen heraus die Gegend zu ihrem eigenen Nutzen unsicher machten. Ganz dem friedvollen Leben und der Natur zugewandt war dagegen Fürst Joseph Franz Maria Anton zu Salm-Reifferscheidt-Dyck (1773–1861). Er engagierte schon als 21-Jähriger den schottischen Gartenarchitekten Thomas Blaikie, der aus dem ehemaligen barocken Schlossgarten einen der schönsten englischen Landschaftsgärten auf dem Festland machen sollte mit dem Ziel, »alle unter freiem Himmel im hiesigen Klima ausdauernden Bäume und Sträucher vollständig aufzunehmen und daraus ebenso viele lebende Monographien zu bilden«. Am Ende waren es mehr als 200 teils seltene Baumarten, hauptsächlich aus Asien und Nordamerika, die Anfang des 19. Jahrhunderts gepflanzt wurden und noch heute fast ausnahmslos zu besichtigen sind.

Blaikies Anlage wurde später von den Gartengrößen Maximilian Friedrich Weyhe und Peter Joseph Lenné ausgebaut. Der Fürst selbst verfasste mehrere botanische Werke, von denen der 1834 erschienene »Hortus Dyckensis« alle im Schlosspark vorhandenen Pflanzen detailliert beschreibt.

Adresse Schloss Dyck, 41363 Jüchen, Tel. 02182/8240, www.stiftung-schloss-dyck.de | **Anfahrt** A 46, Ausfahrt Grevenbroich-Kapellen, auf der L 361 Richtung Korschenbroich, links auf die Dycker Straße, der Beschilderung folgen | **Öffnungszeiten** Ende März – Ende Okt. Di – So 10 – 18 Uhr, Ende Okt. – Ende März Di – So 10 – 17 Uhr | **Tipp** Das neue »Schlossrestaurant« verfügt über einen ansprechendem Außenbereich (Mi – So 11 – 18 Uhr, auch Take-away).

36 Die Dorfkirche von Hanselaer

Im Idealzustand

Es sieht tatsächlich noch ungefähr so aus, wie Jan de Beyer die Kirche und das Dorf 1746 zeichnete. Eine, wie es scheint, zeitlose und unangekratzte Idylle, die als Gesamtensemble unter Denkmalschutz gestellt wurde. Aber es gehört selbstredend zu jeder Idylle, dass hinter ihrem so friedlich anmutenden Augenschein ein Abgrund verborgen ist. Im Südeingang der Antoniuskirche erinnert eine schlichte Gedenktafel an Josef Lörks und 43 Opfer, Ordensbrüder und -schwestern, die gemeinsam am 17. März 1943 starben.

Lörks wurde 1876 in Hanselaer geboren, in Wien zum Priester und 1933 zum Bischof von Zentral-Neuguinea geweiht. Als Steyler Missionar bereiste er die Inseln und ließ, um effektiv arbeiten zu können, das von ihm entworfene Missionsschiff »Stella-Maris« bauen, das er selbst als patentierter Kapitän steuerte. Vielleicht lag es an seinen nautischen Kenntnissen, vielleicht auch an einem ungeschickt versteckten Kassiber oder an dem Umstand, dass die Missionare heimlich verletzte amerikanische Piloten versorgten. Die Japaner jedenfalls hielten die Missionare für Spione, die die Positionen ihrer Schiffe an die Amerikaner verrieten. Am 17. März 1943 wurde Josef Lörks als Erster der Missionsgruppe auf dem japanischen Zerstörer »Akikaze« erschossen und ins Meer geworfen.

Wenn die Kirche nicht gerade verschlossen ist, kann man in ihr einige kunsthistorische Sehenswürdigkeiten bewundern, die man hier nicht unbedingt erwarten würde. Denn diese nur aus wenigen Höfen bestehende Gemeinde besitzt drei teilweise aufwendig geschnitzte Altäre, die vermutlich von großen niederrheinischen Meistern gearbeitet wurden. Arnt van Tricht und Dries Holthuys werden als Künstler genannt, die auch für die Kirchen in Kalkar, Wesel und Xanten tätig waren.

Adresse Spickstraße, 47546 Kalkar-Hanselar, Tel. 02824/976510 (Pfarrbüro Kirchengemeinde Heilig Geist), www.heilig-geist-kalkar.de | ÖPNV Bus SL 42, 97, Haltestelle Hanselaer | Anfahrt A 3, Ausfahrt Rees, B 67 über den Rhein, rechts auf die Rheinstraße Richtung Kalkar, links auf die Spickstraße nach Hanselaer; alternativ A 57, Ausfahrt Goch, B 67 Richtung Kalkar, rechts Richtung Xanten, links auf die Rheinstraße und rechts auf die Spickstraße nach Hanselaer | Öffnungszeiten So 15 – 17 Uhr | Tipp Das Dorf Hanselaer hat sich als architektonisch und siedlungsgeschichtlich bedeutsames Ensemble erhalten können, ohne Freilichtmuseum zu werden, und wurde vor Kurzem komplett unter Denkmalschutz gestellt.

37 Die Kirche St. Nicolai

Die Wunder aus Holz

Es mag an einer angeborenen Bescheidenheit der Niederrheiner liegen oder an einer höflich-vornehmen, vielleicht auch kleinstädtisch geprägten Zurückhaltung, hoffentlich nicht an Gleichgültigkeit – aber stünde diese Kirche in einem anderen Umfeld, in einer größeren Stadt, wäre sie nicht nur bekannt. Sie wäre das überlebensgroße kulturelle Emblem einer ganzen Region.

Vielleicht ist sie einfach zu nah oder hinter den Häuserreihen am Kalkarer Markt auch wieder zu fern, als dass man sie über die Maßen wertschätzen könnte, obwohl sie ein paar kulturelle Übertreibungen durchaus verdient hätte. Sie ist einzigartig und großartig, und es soll eine Zeit gegeben haben, in der sie noch großartiger gewesen ist. Man mag sich kaum vorstellen, dass sie ursprünglich doppelt so viele Altäre besaß wie heute. Allein die verbliebenen neun sind in ihrer Schönheit und in ihren zahllosen kunsthistorischen und handwerklichen Details beeindruckend. Ein wunderbares, fast 400 Seiten umfassendes Buch erschien 1990 über sie. Darin werden die Kirche und ihre Ausstattung als bürgerliches Gesamtkunstwerk einer wohlhabenden und selbstbewussten Handelsstadt gewürdigt. Ein Buch, von dem man sich eine populäre Ausgabe wünscht, die St. Nicolai in den heutigen Köpfen dauerhaft verankert.

Bedeutende Holzschnitzer haben für St. Nicolai gearbeitet. Da Heinrich Douvermann, Arnt von Zwolle und Arnt van Tricht aber keine greifbare Kalkarer Schule in einem kunsthistorischen Sinn geschaffen haben und es vor den Zerstörungen andere und vielleicht noch bedeutendere Kunstwerke in anderen Kirchen, beispielsweise im Weseler Dom, gegeben hat, wurde St. Nicolai häufig eigentümlich relativiert. Heute ist sie neben dem Xantener Dom die Kirche, die man unbedingt gesehen haben muss. Denn sie zeigt nicht nur die unerschöpfliche Tiefe sakraler Kunst. Sie veranschaulicht auch den ehemaligen künstlerischen Reichtum des Niederrheins.

Adresse Jan-Joest-Straße 6, 47546 Kalkar, Tel. 02824/976510, www.katholisch-kalkar.de | **ÖPNV** SL 42, Bus 44, 45, 46, 47, 48, 97, Haltestelle Kalkar Markt | **Anfahrt** A 57, Ausfahrt Goch/Weeze, Richtung Goch, auf der B 67 Richtung Kalkar, an der Kreuzung zur B 57 auf der Altkalkarer Straße Richtung Zentrum, Parkplätze am Markt | **Öffnungszeiten** 1. Nov. – 31. März täglich 14 – 15.45 Uhr, 1. April – 31. Okt. Mo – Sa 10 – 11.45 und 14 – 17.45 Uhr, So und Feiertage 14 – 17.30 Uhr | **Tipp** Neuerdings wieder sehr ambitioniert, mit bürgerlich-internationaler Küche und mehrgängigen Menüs, ist der traditionsreiche »Ratskeller« im Rathaus.

38 Der Marktplatz

Gut betucht

Das architektonische Gesamtensemble, das den Kalkarer Markt während seiner bürgerlichen Blütezeit prägte, ist heute nicht mehr vollständig erhalten. Trotz vieler Veränderungen lässt sich der Platz in seiner grundsätzlichen Anlage nach mehr als 500 Jahren aber noch als der identifizieren, den der Kalkarer Künstler Jan Joest Anfang des 16. Jahrhunderts malte. Auf dem ungewöhnlich realistischen Altarbild »Auferweckung des Lazarus«, das in der am Markt gelegenen Kirche St. Nicolai zu sehen ist, bildet der Kalkarer Markt die Kulisse für das Wunder. Es zeigt spätgotische Bürgerhäuser, die Gerichtslinde und zentral im Hintergrund das Rathaus, das noch heute ungefähr so aussieht wie zu Joests Zeiten.

Gebaut wurde das monumentale Rathaus von Johann Wyrenberg, dem Baumeister der klevischen Herzöge. Es sollte für viele spätere Rathäuser am Niederrhein und in den Niederlanden Vorbild werden. Das Gebäude war Tuch- und Fleischhalle, also auch das merkantile Zentrum der Stadt, hier befand sich die für alle Händler verbindliche Waage. Das Rathaus soll das größte nördlich von Köln gewesen sein und zeigt die damals präsente wirtschaftliche Macht Kalkars.

Weber, Tuchhändler und Bierbrauer beförderten den Wohlstand der Stadt. Kalkar lag, was den Eifer und Fleiß seiner Bewohner beflügelte, günstig am Schnittpunkt zweier bedeutender spätmittelalterlicher Handelsstraßen: Die eine verband Maas und Rhein, die andere führte von den Niederlanden nach Köln. Die letzten für uns noch greifbaren Hinterlassenschaften des einstigen wirtschaftlichen und kulturellen Reichtums sind die Schnitzaltäre in St. Nicolai.

Der Marktplatz von Kalkar gehört zu den schönsten am Niederrhein. Da die Stadt nicht wie andere am Ende des letzten Krieges völlig zerstört wurde, haben wir auch heute noch eine Ahnung, wie die Kleinstädte hier aussehen könnten, wenn sie nicht für ein paar Jahre Opfer einer umfassenden Unkultur geworden wären.

Adresse Markt, 47546 Kalkar | **ÖPNV** SL 42, Bus 44, 45, 46, 47, 48, 97, Haltestelle Kalkar Markt | **Anfahrt** A 57, Ausfahrt Goch/Weeze, Richtung Goch, dann auf der B 67 Richtung Kalkar, in Kalkar (Kreuzung B 57) auf der Altkalkarer Straße Richtung Zentrum, Parkplätze am Markt | **Tipp** Unweit des Marktes befindet sich die Kalkarer Mühle, die 1770 aus Abbruchmaterial eines Stadttores als höchste Mühle am Niederrhein erbaut wurde.

39 Das Schifferdenkmal

Alles am Fluss

Heute leben die Niederrheiner bestenfalls am Fluss, manchmal leben sie noch mit ihm und bei Hochwasser auch gegen ihn, aber nur noch sehr selten leben sie von ihm. Berufe, die unmittelbar mit dem Fluss zu tun haben, gelten den Uferbewohnern eher als museal und folkloristisch – wie auch die Tätigkeiten, die das Leben am Fluss erforderte. Auf nostalgischen Jahrmärkten sind manchmal noch Rheinfischer zu bestaunen, die mit Holzschuhen, breit gestreiften Hemden, bretonischen Schals und Tabakpfeifen wie nachempfundene Ostfriesen aussehen.

Früher und vor ein paar Leben war das anders, und wer freiwillig hierherzog, hatte auch direkt mit dem Fluss zu tun. Segensreich war er, aber auch gefährlich. Die Dörfer am Niederrhein waren bewohnt von Schiffern und Fischern, von Pferdebauern, die das Treideln der Schiffe übernahmen, sie also bei der »Bergfahrt« gegen den Strom zogen. Mit ihnen lebten auch die sagenhaft trinkfesten Knechte und die wohlhabenden Gastwirte, die diese Knechte versorgten.

Das Schifferdenkmal in Grieth erinnert an diese weit entfernte und in den Geschichtsbüchern verschwundene Zeit. Errichtet wurde es in den 30er Jahren des letzten Jahrhunderts, als die tiefschwarze Dämmerstunde des alten Europa eingeläutet wurde und noch ein letztes Mal der handwerklich geprägten Welt gedacht wurde, bevor sie unterging. Dabei kommt dieses Denkmal ganz unheroisch und untypisch für die damalige Zeit mit ihrem falschen und kitschigen Arbeitspathos daher. Mast, Glocke und Steuerrad erscheinen fast konzeptionell und ganz freundlich, bunte Wimpel und eine angedeutete Takelage wirken, als läge es hier nur vorübergehend auf Reede.

Wenn man heute den prosaischen Containerschiffen hinterhersieht, fällt die Vorstellung schwer, dass seit den germanischen Einbäumen und den schnellen römischen Handelsflotten Menschen auf dem Rhein und von ihm lebten.

Adresse Schifferdamm, 47546 Kalkar-Grieth | **ÖPNV** Bus 48, Haltestelle Grieth | **Anfahrt** A 3, Ausfahrt Emmerich, B 220 über den Rhein, links abbiegen auf den Oraniendeich (L 8) bis Grieth, links in die Kirchhofstraße, Fußweg zum Schifferdamm | **Tipp** Von der Terrasse des Café-Restaurants »de Deichgräf« hat man einen schönen Blick über die Wiesen bis hin zum Rhein.

40 Das Stiftsmuseum in Wissel

Starker Tabak

Das kleine Stiftsmuseum in Wissel beschäftigt sich im Wesentlichen mit der Geschichte der romanischen Basilika St. Clemens aus dem 12. Jahrhundert. Die Basilika liegt dem Museum direkt gegenüber und zählt zu den ältesten noch erhaltenen Kirchenbauten am Niederrhein, sie ist gewissermaßen ein Urort der rheinischen Christianisierung.

Bemerkenswert sind aber auch einige Exponate, die sich mit dem Tabakanbau am Niederrhein beschäftigen. Dieser mittlerweile völlig ausgestorbene Wirtschaftszweig brachte es in Wissel zu einer gewissen Blüte. Besonders der Rote Virginia soll hier stramm unter der Sonne gestanden haben. Die kargen, sandigen Böden erwiesen sich als vorteilhaft für den Anbau, und zur napoleonischen Zeit wurden die Produkte selbst in Paris gehandelt. Der »echte Tabak aus Wissel« scheint also ein heute unbekanntes Qualitätsprodukt gewesen zu sein, das im Ausland möglicherweise höher geschätzt wurde als am Rhein. Die europäischen Zollbestimmungen machten auch nach dem Krieg den heimischen Anbau attraktiv, zumal die lungenstarken und durchaus belastbaren Niederrheiner nichts dagegen hatten, wenn dem Tabak allerlei Kraut beigemischt wurde. Buchenlaub war besonders beliebt. Der niederrheinische Tabak soll pur nicht so ohne Weiteres zu rauchen gewesen sein, weshalb man ihn gern zu Schnupftabak oder Kautabak verarbeitete. Beim Kautabak kam es auf die würzige Soße aus Rübenkraut, Kaffee und Rum an, mit der er durchzogen war.

In der Umgebung von Wissel wurden immerhin 32 Hektar bestellt, damit war Wissel das größte Tabakanbaugebiet am Niederrhein. Die berühmteste hiesige Marke war der legendäre »Kiepenkerl«, ein sagenumwobenes Kraut, das wie Wind in die Lungen pfiff. In den späten 1950er Jahren, als man sich feinen Orient- und Importtabak leisten konnte, wurde die Produktion am Niederrhein eingestellt.

Adresse Kösterdick 22, 47546 Kalkar-Wissel, Tel. 02824/6562, www.stiftsmuseum-wissel.de | **ÖPNV** Bus 48, Haltestelle Ortseingang | **Anfahrt** A 57, Ausfahrt Goch, auf der B 67 bis Kalkar, links auf die B 57 Richtung Kleve, rechts auf die Berk'sche Straße nach Wissel, Museum im Zentrum | **Öffnungszeiten** Sa, So 14–17 Uhr | **Tipp** Die ehemalige Stiftskirche St. Clemens von 1150 ist trotz des gotischen Chors und umfangreicher Restaurierungen im 19. Jahrhundert die besterhaltene romanische Kirche am Niederrhein.

41 Die Wisseler Dünen

Ohne Meerblick

Die Überschwemmung muss gewaltig gewesen sein. Zumindest ist zu vermuten, dass es sich um eine Naturkatastrophe von geradezu biblischen Ausmaßen handelte. Denn die enormen Sandmengen, die der Rhein allein in der Nähe von Wissel auf das Land gespült hatte, wurden auf einer Fläche von 80 Hektar zu Dünen aufgeweht, die immerhin so hoch sind, dass man von ihren höchsten Punkten aus einen weiten Blick über die Ebene und die Landschaft um Wissel hat. Das Schauspiel, das vermutlich ein Drama war, ereignete sich im 8. Jahrhundert, also zu einer Zeit, als am rechten Ufer noch die letzten germanischen Heiden um ihre heiligen Bäume tanzten und die ersten angelsächsischen Missionare mit Schwertern und Engelszungen auf sie einredeten.

Flussdünen sind heute seltene Relikte aus den wilden Zeiten, die das Land und seine Bewohner erlebten, als der Rhein noch nicht eingedeicht war. Am Anfang des 20. Jahrhunderts soll er manchmal so hoch über die Ufer getreten sein, dass die Erhebungen wie Inseln aus dem Wasser ragten. Hinter den Dünen ahnt man das Meer, eine Assoziation, die natürlich auf der Hand liegt, wenn man durch die Dünen wandert und die typische flache Niederrhein-Landschaft eigentümlich entrückt ist. Hier ist vieles anders. Die Vegetation ist härter und trockener, eine magere Angelegenheit in der sonst so sattfeuchten Flusslandschaft. Flechten und dürre Gräser spürt man unter den Füßen, und selbst der Wind scheint hier trockener als anderswo über den Sand zu wehen.

Als die Menschen noch rundum belastbar waren, wurde auf den sandigen Böden von Wissel Tabak angebaut, der tatsächlich geraucht und gekaut wurde. Das ist lange her. Nicht ganz so lange her ist es, dass eine phantasiebegabte Bundeswehr in Ermangelung echter Wüsten in dieser niederrheinischen Wüstenei regelmäßig den Einsatz unter verschärften Bedingungen probte.

Adresse östlich des Ortskerns von Wissel, 47546 Kalkar | ÖPNV Bus 48, Haltestelle Ortseingang | Anfahrt A 57, Ausfahrt Goch, auf der B 67 bis Kalkar, links auf die B 57 Richtung Kleve, rechts auf die Berk'sche Straße Richtung Wissel, bei der Mühlenstraße rechts zum Wisseler See und links auf den Dünenweg | Tipp Eine schöne Sommerfrische ist das Naturfreibad am Wisseler See. Es besitzt einen 300 Meter langen und 30 Meter breiten feinen Sandstrand und eine Badeinsel.

42 Das Kloster Kamp

Gartenlust und Lebensglück

Es war ein einsamer Ort, fern von allen guten Geistern, umgeben von Sumpf und Stechmücken. Und vielleicht gerade deshalb ideal. Im Jahr 1123 folgten zwölf auffällig weiß gekleidete Zisterziensermönche dem ersten Abt Heinrich durch die gottverlassene Gegend, um auf dem Kamper Berg ein Kloster zu gründen. Sie kamen aus dem französischen Morimond und wurden von jener religiösen Erneuerungswelle getragen, die nach dem sogenannten Investiturstreit – es ging dabei um die Einsetzung der Äbte und Bischöfe – ganz Europa verändern sollte.

Das Kloster auf dem Kamper Berg war von Anfang an eine Erfolgsstory. Schon nach sechs Jahren wurde ein erstes Tochterkloster im weit entlegenen Harz gegründet, das letzte und 14. Kloster datiert in das frühe 17. Jahrhundert. Wenn man alle in direkter Verbindung mit Kamp stehenden Gründungen addiert, kommt man auf fast 100. Das östlichste liegt in Krakau, das nördlichste an der Ostsee.

Nach dem Truchsessischen Krieg (1583–1588) verfiel das Kloster Kamp. Erst im November 1700 konnte ein Neuanfang gemacht werden. Bis zu seiner Säkularisation durch die Franzosen 1802 hatte das Kloster durchaus wieder, wie in seinen Anfängen, europäische Bedeutung und war auch eines der kirchlichen und kulturellen Epizentren des Niederrheins. Der bekannte barocke Klostergarten wurde unter Abt Franziskus Daniels angelegt, dem bis heute der Ruf anhängt, eine Art Lebemann unter den Mönchen gewesen zu sein. Der heutige Garten ist allerdings eine verkleinerte und nachempfundene Replik des Originals und entstand erst 1990. Aus den voluminös barocken Jahren stammen noch die sehenswerten Chorbänke in der ehemaligen Stiftskirche.

Mönche gibt es heute nicht mehr auf dem Kamper Berg. Ein Museum erinnert aber an ihre große und bewegte Zeit. In den letzten verbliebenen Gebäuden finden Kulturveranstaltungen und meditative Workshops statt.

Adresse Abteiplatz, 47475 Kamp-Lintfort, Tel. 02842/927540, www.kloster-kamp.eu | Anfahrt A 57, Ausfahrt Rheinberg, Richtung Kamp-Lintfort, auf der Rheinberger Straße (B 510) bis zur Abzweigung Kloster Kamp, der Beschilderung folgen | Öffnungszeiten Abteikirche täglich 9–17 Uhr; Museum Di–Sa 14–17 Uhr, So 11–17 Uhr; Terrassengarten täglich ab 8 Uhr | Tipp Die Alt-Siedlung Friedrich-Heinrich in Lintfort ist eine vollständig restaurierte, zusammenhängende Bergarbeitersiedlung aus dem Jahr 1970.

43__»et kemp'sche huus«

Die versetzte Vergangenheit

Gelegentlich wird Baufälligkeit als Schicksal begriffen und nicht als Resultat einer langjährigen Vernachlässigung. Auch dem »kemp'schen huus«, das in seinem früheren Leben »Haus Pielen« hieß, drohte die Abrissbirne durch eine moderne Stadtplanung. Dass es heute das vermutlich bekannteste Haus in Kempen ist, liegt nicht allein an seinem lokal verankerten Namen. Eine gewisse Popularität errang es wohl auch durch den Umstand, dass es 1979 in seine Balken zerlegt und von seinem ursprünglichen Standort, der Kuhstraße, um die Ecke in die Neustraße getragen wurde und dort in jener alten Schönheit wiederauferstand, die es vermutlich in seiner Jugend gehabt hatte.

Das Haus stammt aus dem frühen 17. Jahrhundert, hatte also, als sein Schicksal besiegelt schien, schon viel hinter sich und auch viel überstanden. Es mag Nostalgie oder eine gewisse lokalpatriotische Sentimentalität gewesen sein, die zu dem ungewöhnlichen Rettungsversuch durch eine private Initiative führte. Normalerweise werden solche Aktionen nicht privat, sondern eher hochoffiziell durchgeführt, wenn die in ihre Einzelteile zerlegten Bauwerke in fernen Freilichtmuseen idealtypisch wieder aufgebaut werden.

Die Idee, ein Haus zu retten, indem man es abreißt, wurde Mitte der 1970er Jahre populär, als ungefähr zeitgleich mit dem »kemp'schen huus« in Düsseldorf das aus dem Jahr 1915 stammende Kaufhaus von Gustav Carsch mit Hilfe der Horten AG um 20 Meter versetzt wurde. Die Vorfahren des Kaufhaus-Milliardärs Helmut Horten kamen aus Kempen. Deren stattliches Bürgerhaus von 1773 steht noch heute unversetzt in der Kuhstraße. Im Restaurant, das dem Gebäude letztendlich den neuen Namen gab, sitzt und isst man wie im Kemp'schen Wohnzimmer: gemütlich, aufgeräumt und durchaus feierlich, mit viel Dekor, guten Weinen und einer ambitioniert niederrheinischen Küche, die sich bodenständig mit vielen europäischen Küchen eng verbindet.

Adresse Neustraße 31, 47906 Kempen, Tel. 02152/8997333, www.et-kempsche-huus.com | ÖPNV Bus 066, 069, Haltestelle Kuhtor | Anfahrt A 40, Ausfahrt Kempen, auf der L 362 bis Kempener Außenring, weiter auf der Kerkener Straße ins Zentrum bis Burgring/Möhlenring, links auf die Wambrechiesstraße, von dort zu Fuß zum »kemp'schen huus« | Öffnungszeiten Di 18–22 Uhr, Mi–So 12–14 und 18–22 Uhr | Tipp Das zur alten Stadtbefestigung gehörende viergeschossige Kuhtor von 1350 wurde Ende des 19. Jahrhunderts neugotisch restauriert.

44 Die Kerzenkapelle

In einer Winternacht

Es waren Hirten, Handlungsreisende und nächtliche Wanderer, die ihre Stimme hörten oder ihr strahlendes Antlitz in Bäumen und Hecken wahrnahmen. Auch Hendrik Busmann war nachts unterwegs und vernahm zu Weihnachten 1641 ihre Stimme. Sie forderte ihn auf, eine Kapelle zu bauen. Ein paar Wochen später, in der Nähe des Kevelaerer Hagelkreuzes, wurde diese Aufforderung wiederholt, und Busmann assoziierte die Stimme mit der Madonna, die ein Jesuitenpater einige Jahre zuvor in der Nähe der Stadt Luxemburg aufgestellt hatte. Busmanns Frau erinnerte sich daran, ein Bild dieser sogenannten Luxemburger Madonna bei durchziehenden Soldaten gesehen zu haben.

Das kleine, unspektakuläre Andachtsbild war so groß wie eine Spielkarte, ein auf den ersten Blick gewöhnlicher Kupferstich, mit dem es jedoch etwas Besonderes auf sich gehabt haben musste, denn es wurde zwischenzeitlich von Kapuzinermönchen und Karmeliterinnen in Geldern verehrt. Die genauen Umstände der frühen Verehrung sind nicht überliefert, aber es scheint so gewesen zu sein, dass dem Bild schon in diesem frühen Stadium der Verehrung heilsame Kräfte zugeschrieben wurden. Es wurde nach Kevelaer gebracht und im Juni 1642 in einen eigens gemauerten Bildstock eingesetzt. Schon kurze Zeit später wurden wundersame Heilungen in eigentlich aussichtslosen Fällen bekannt, und die umgehend beginnenden Pilgerströme nahmen aus kirchlicher und merkantiler Sicht ein so erfreuliches Ausmaß an, dass zwischen 1643 und 1645 die Wallfahrtskirche »Zum heiligen Michael« errichtet werden konnte, die heutige Kerzenkapelle.

Zahlreiche Kerzen, Schilder und Votivtafeln erinnern an die vielen Gläubigen, die in den letzten 350 Jahren nach Kevelaer pilgerten. Kevelaer ist nicht der älteste Ort niederrheinischer Marienverehrung, aber in seiner heilbringenden und zählbaren Wirkung der größte. Nur Lourdes in den Pyrenäen, im Südwesten Frankreichs, verzeichnet mehr Pilger.

Adresse Kapellenplatz, 47623 Kevelaer | ÖPNV Bus 73 und bKe, Haltestelle Rathaus | Anfahrt A 57, Ausfahrt Goch, auf der B 9 Richtung Weeze nach Kevelaer, links auf die Bahnstraße, Parkplätze am Peter-Plumpe-Platz; alternativ A 57, Ausfahrt Sonsbeck, auf der L 491 Richtung Kevelaer | Öffnungszeiten täglich, Marienvesper 18 Uhr | Tipp Die direkt neben der Kerzenkapelle liegende, ursprünglich barocke und Ende des 19. Jahrhunderts prächtig ausgestattete Gnadenkapelle von 1654 mit dem Gnadenbild, dem Kupferstich einer Schutzmantelmadonna aus Luxemburg, ist das Zentrum der Kevelaer-Wallfahrt.

45 Der Britische Ehrenfriedhof

Das Schweigen der Gräber

Wenn das Sonnenlicht auf den Steinkreuzen liegt oder im Winter der Schnee, zeigt der Friedhof jenes ernste Gleichmaß, das mit den umstehenden Bäumen des Reichswalds so eigentümlich kontrastiert. Man ist geneigt, ihn als schön zu bezeichnen, und vermutlich trifft dieser Begriff die irritierte Empfindung der meisten Besucher, die auf dem kurz geschnittenen, makellosen Rasen gehen wie auf einem dichten Teppich, der jeden Laut verschluckt.

Der Ort ist schön, aber die Schicksale der jungen Soldaten sind traurig. Ein ruhiger und durchdachter Ort, an dem die Kreuze geordnet stehen, soldatisch wie ein angetretenes Regiment. Der Friedhof ist ein Mahnmal, und wie alle Kriegsgräber sollen auch diese die Lebenden an ihre Verpflichtung erinnern, dass ein Krieg wie der, in dem die Männer ihr Leben verloren, nie wieder geschehen darf.

Auf diesem größten Commonwealth-Friedhof des Britischen Königreichs in Deutschland liegen 7.654 Soldaten, die im letzten Krieg gefallen sind. Die meisten von ihnen waren kaum älter als 20 Jahre, und man ist eigentümlich berührt, wenn man ihre Lebensdaten mit den eigenen vergleicht. Die Kreuze von Flugzeugbesatzungen, die gemeinsam im Flakfeuer der Deutschen fielen, weil ihre Maschinen über dem Reichswald oder bei der gigantischen Luftlandeaktion über dem Diersfordter Wald abgeschossen wurden, stehen enger aneinander als andere Kreuze, so als hätte ihr gemeinsamer Tod sie für alle Zeiten miteinander verbunden. Fast 4.000 Flieger sind hier beerdigt und beinahe ebenso viele Soldaten. Sie starben im Reichswald, aber auch einige Kilometer entfernt auf der anderen Seite des Rheins.

Nach dem Krieg wurden die bei der Eroberung des Niederrheins gefallenen Briten und Commonwealth-Soldaten hier und auf dem Soldatenfriedhof von Rheinberg bestattet.

Adresse Grunewaldstraße (L 484), 47533 Kleve | **ÖPNV** Bus 50, Haltestelle Reichswald Friedhof | **Anfahrt** A 57, Ausfahrt Kleve, B 9 Richtung Kleve, links auf die Asperdener Straße (B 504) bis Grunewald, rechts auf die Grunewaldstraße | **Öffnungszeiten** täglich rund um die Uhr | **Tipp** Auf der Donsbrügger Heide (Heidestraße) befindet sich die Kriegsgräberstätte für 2.400 Tote des Zweiten Weltkriegs, die gefallenen deutschen Soldaten der Offensive im Februar 1945 und die 400 zivilen Opfer des Luftangriffs auf Kleve im Oktober 1944.

46 Der Cupido der »Beuys-Haltestelle«

Männer aus Eisen

Es ist manchmal verwirrend: Alles, was in Kleve auf einer Säule steht, heißt früher oder später der »Eiserne Mann«.

Der erste und vermutlich beeindruckendste trug die Prachtrüstung des Martin Schenk von Nideggen, der 1589 bei seiner Flucht aus dem belagerten Nimwegen in die Waal stürzte und vermutlich wegen seines unpraktischen und schweren Outfits ertrank. Er war der Vertrauensmann der englischen Königin am Niederrhein und der Erbauer der Festung Schenkenschanz gewesen. Dafür ließen die Spanier ihn noch als Leiche hinrichten. Vermutlich waren es die Truppen des Sonnenkönigs Ludwig XIV., die aus Jux und Tollerei die Rüstung von der Säule schossen.

Der darauf folgende »Eiserne Mann« soll ein Amor in Kriegsrüstung gewesen sein; ein späterer und noch heute zu sehender präsentiert sich nackt, heißt aber »Cupido« und nicht »Eiserner Mann«. Wenngleich der Ausnahmekünstler Joseph Beuys durch diesen Cupido an der ehemaligen Haltestelle »Eiserner Mann« an der Nassauer Allee inspiriert wurde, den er als Schüler gesehen und bewundert hatte. Denn der Cupido steht leichtfüßig und balancierend auf der Geschosskugel einer sogenannten Feldschlange, einer Kanone, umgeben von Mörsern, und der junge Beuys war überzeugt davon, dass die Bildhauerei grundsätzlich alles vermag, wenn sie einen Amor, den Liebesboten, auf eine Kanone setzen kann. Die autobiografischen Erinnerungsbezüge nutzte Joseph Beuys auch für seine Installation »Straßenbahnhaltestelle«, mit der er 1976 die Bundesrepublik auf der Biennale in Venedig vertrat. Beuys ließ die Feldschlange und die Mörser abgießen.

Der letzte »Eiserne Mann« stammt von Stephan Balkenhol und steht in der historischen Achse zwischen Amphitheater und Hoch-Elten, also ungefähr dort, wo auch die Rüstung von Martin Schenk von Nideggen einst stand.

Adresse Nassauer Allee/Abzweig Lindenallee, 47533 Kleve | ÖPNV Bus 54, 79, Haltestelle Nassauer Allee | Anfahrt A 57, Ausfahrt Kleve, dem Verlauf der B 9 bis zur Nassauer Allee folgen | Tipp Seit 2007 besitzt Kleve wieder eine Birnenallee, die als Wanderweg östlich der Nassauer Allee die historischen Galleien mit dem Kermisdahl verbindet. Die Bäume tragen im Spätsommer reichlich Früchte.

47 Die Donsbrügger Mühle

Vorsprung durch Technik

Dieses Museum arbeitet! Darin unterscheidet es sich von den meisten anderen, denn für gewöhnlich beschränken sich Museen darauf, Sammlungen aufzubauen oder Dinge zu zeigen, die man gesehen haben sollte. Im Mühlenmuseum werden zwar auch Exponate und – wenn man so will – eine kleine Sammlung von Gegenständen präsentiert, die mit Mühlen und dem Windmüllerhandwerk zu tun haben, aber seine wichtigste und eigentliche Aufgabe ist der Erhalt der Mühle. Seit 1985 ist sie wieder in Betrieb, nachdem der für sie exklusiv gegründete Mühlenverein ihre Restauration übernommen hat. Als amtlich anerkanntes Denkmal erfährt sie besondere Unterstützung, und die private Begeisterung einiger ihrer Liebhaber ging sogar so weit, dass sie sich in den Niederlanden zum Windmüller ausbilden ließen.

Errichtet wurde die Mühle 1824 von Wilhelm Fallier als sogenannte »Holländermühle«: Der Mühlenkopf mit den Flügeln konnte je nach Windrichtung gedreht werden, was innovativ, fortschrittlich und äußerst effektiv war. 1885 wurde, um auch bei Flaute arbeiten zu können, eine Dampfmaschine eingesetzt, die den manchmal fehlenden Wind ersetzte. 20 Jahre später wurden die alten, mit Segeltuch bespannten Flügel durch moderne Jalousieflügel ersetzt, außerdem wurde eine Windrose auf der Haube angebracht, die dem Wind folgte und gewissermaßen ganz natürlich die Flügel in die richtige Stellung brachte. Als letzte technische Innovation während ihrer aktiven Zeit bekam die Mühle 1940 einen Elektromotor. Aber der machte auch deutlich, dass die Zeit der windgetriebenen Mühlen der Vergangenheit angehörte. Dennoch hat man die Anlage bereits in den 60er Jahren des letzten Jahrhunderts zum ersten Mal vollständig restauriert und sie mit sogenannten Bilau'schen Flügeln, benannt nach dem Flugzeugbauer Bilau, ausgestattet, die sich durch Klappen und Gewichte je nach Windstärke selbst regulieren.

Adresse Mehrer Straße 92, 47533 Kleve-Donsbrüggen, Tel. 02821/28882 (während der Öffnungszeiten), www.muehle-donsbrueggen.jimdo.com | **ÖPNV** Bus 59, Haltestelle Mehrer Straße | **Anfahrt** A 57, Ausfahrt Kleve, B 9 über den Klever Ring bis Donsbrüggen, rechts auf den Papenfeldweg und links auf die Mehrer Straße, Mühle außerhalb der Ortschaft | **Öffnungszeiten** Mitte März–Mitte Nov. Di 14–17 Uhr, Sa 10–14 Uhr | **Tipp** Vom Aussichtsturm auf dem Klever Berg an der Königsallee hat man den schönsten Blick auf die Stadt und die niederrheinische Ebene bis in die Niederlande.

48 Die Eisenbahnbrücke von Griethausen

Schönheit, die rostet

Schlicht und in ihrer bestechend klaren Funktionalität ehemals ganz darauf beschränkt, gewaltige Lasten zu tragen, liegt sie über einem Stück Altrhein. Unter ihr treiben ein paar Enten idyllisch auf dem graugrünen Wasser, einige Radfahrer machen an ihrem Ende auf dem Deich eine Pause. Sie schauen sich die Brücke von der mehr oder weniger provisorischen Absperrung aus an und sehen den Jungs zu, die zehn Meter tief hinunterspringen, manche wie Komiker und dürre Clowns, die für Stimmung sorgen. Es macht allen Spaß, obwohl oder gerade weil es verboten ist. Aber die Verbotsschilder sind längst abmontiert, geklaut, blecherne Souvenirs, die nur noch gelegentlich mehr oder weniger sinnlos erneuert werden.

Die Brücke von Griethausen ist die älteste Eisenbahnbrücke Mitteleuropas, vor fast 150 Jahren erbaut und in Betrieb genommen, ein stählerner Dinosaurier aus der Zeit der frühen Industrialisierung, als sich Europa unter Dampf setzte. Kaum 30 Jahre nachdem die von James Watt modifizierte und verbesserte Newcomen-Dampfmaschine zu einem rentablen Geburtshelfer der Moderne geworden war, wurde sie auf Schienen gesetzt, schneller, stärker und effektiver als jedes bis dahin bekannte Fahrzeug, und von da an verbanden Dampflokomotiven für mehr als ein Jahrhundert Zeit und Raum.

Bei jedem Licht und zu jeder Jahreszeit wirkt die Brücke auf den Betrachter und, wie es scheint, auch aus jeder Distanz. Immer ist sie schön, gewaltig, schweigsam, monströs und natürlich auch absurd. Denn heute ist sie sinnlos. Sie ist einfach nur da. Und bis ihr Stahl durchgerostet sein wird, werden ein paar hundert Jahre vergangen sein, und niemand wird sich mehr daran erinnern, was eine Eisenbahn eigentlich war. Bis 1987 rollten Züge über sie hinweg. Es gab ein paar Ideen, was man mit ihr machen könnte. Realisiert wurde keine.

Adresse Werpöhl, 47533 Kleve-Griethausen | ÖPNV Bus 50, 52, Haltestelle Griethausen | Anfahrt A 3, Ausfahrt Emmerich, B 220 über den Rhein, rechts auf den Oraniendeich bis Griethausen, rechts auf den Postdeich und die Rheinstraße zum Altrhein, links in die Straße Wehrpöhl | Tipp Vom Alten Friedhof in Kellen, einem Nachbarort von Griethausen, ist noch ein Memorienstein aus dem 10. Jahrhundert erhalten, der heute im Turm der Alten Kirche angebracht ist.

49 Das Försterdenkmal

Nach der Jagd

Es ist an sich schon ungewöhnlich, dass ein Denkmal an die gefallenen und vermissten Förster zweier Weltkriege erinnert. Im Reichswald, einem der Hauptkampfplätze während der Niederrhein-Offensive der Alliierten, nimmt es sich besonders bescheiden und etwas zaghaft aus – ein Denkmal in Deckung, grau und grün, von Laub verweht, bemoost, aber dennoch irgendwie passend für naturverbundene Waidmänner.

In der Nähe des Britischen Ehrenfriedhofs, in der Waldabteilung 111, erinnert das aus Findlingen gestaltete Denkmal an gefallene Soldaten, die in Kleve Förster waren. Namentlich nicht genannt ist der Forstanwärter Wilhelm-Ferdinand Galland. Als einer von vier flugbegeisterten Brüdern, die mit dem Segelfliegen begonnen hatten, brachte Galland es zum Major und Kommandanten der zweiten Gruppe des Jagdgeschwaders 26, das nach dem propagandistisch umgebogenen Nazi-Heroen Albert Leo Schlageter (»1. Soldat des Dritten Reichs«) benannt war.

Mit 28 Jahren, am 17. August 1943, wurde Galland in der Nähe von Maastricht abgeschossen, als sein Geschwader einen alliierten Bomberverband angriff. Galland hatte es in 186 Kampfeinsätzen auf 54 Abschüsse gebracht, davon allein 37 Spitfire-Maschinen im direkten Gefecht. Er gehörte mit dieser Bilanz zu den »Flieger-Assen« des Zweiten Weltkriegs – als solche werden international Piloten bezeichnet, die mehr als fünf Abschüsse für sich in Anspruch nehmen können –, ebenso wie zwei seiner Brüder, von denen der spätere »General der Lüfte« Adolf Galland einer der erfolgreichsten Piloten war.

Es wird vermutet, dass Wilhelm-Ferdinand Galland in den Wolken über Maastricht auf das spätere amerikanische Flieger-Ass Bud Mahurin traf, das ihn vom Himmel holte und mit diesem ersten Abschuss seine eigene Kampfpilotenkarriere begann, die erst neun Jahre später in Nordkorea enden sollte. Mahurin überlebte Galland um 67 Jahre und starb im Mai 2010.

Adresse Grunewaldstraße (L 484), 47623 Kleve | **ÖPNV** Bus 50, Haltestelle Reichswald Friedhof | **Anfahrt** A 57, Ausfahrt Kleve, B 9 Richtung Kleve, links auf Asperdener Straße (B 504) bis Grunewald, rechts auf Grunewaldstraße zum Britischen Ehrenfriedhof, Fußweg links am Friedhof vorbei zur Waldabteilung 111 (Grenzmarkierung), halb rechts zum Försterdenkmal | **Tipp** Westlich des Freudenbergs im Reichswald (Jagen 119) befindet sich der Baumtorso der 1990 umgestürzten Kurfürsteneiche. Das Alter des Baumes wird auf 500 bis 600 Jahre geschätzt.

50 Das Haus Koekkoek

Eine reine Familienangelegenheit

Künstlerhäuser haben einen ganz besonderen Reiz. Man guckt den ehemaligen Bewohnern zwar nicht direkt in die Schubladen, bekommt aber doch einen intimen Einblick in ihr kreatives und häufig großbürgerliches Leben. Um Schönes zu schaffen, müssen sie schön leben, und Barend Cornelis Koekkoek (1803–1862) umgab sich und seine Familie mit der klassizistischen Eleganz, die seine Zeit von den Erfolgreichen forderte.

Koekkoek gilt heute als der bedeutendste Landschaftsmaler der niederländischen Romantik. Auf dem Höhepunkt seines Ruhms, als Sammler in ganz Europa seine Bilder kauften und seine Arbeiten in Berlin, Neapel und St. Petersburg gleichermaßen bewundert wurden, nannte man ihn – vielleicht etwas übertrieben, aber doch nicht ganz aus der Welt – »Fürst der Maler«. Von Anton Weinhagen, der neben vielen Klever Villen auch das Kurhaus entworfen hat, ließ Koekkoek zwischen 1846 und 1848 sein repräsentatives Stadtpalais bauen, direkt unterhalb des ebenfalls von Weinhagen geschaffenen Belvederes, das der Maler als Atelierturm schon vorher bewohnt hatte. Der 1803 in Middelburg als Sohn eines Marinemalers geborene Koekkoek zog 1834 nach Kleve, vermutlich weil er hier, in dieser einst unerhört schönen Stadt mit ihrer parkähnlichen und idealtypischen Landschaft, die Motive fand, die es auch in finanzieller Hinsicht zu malen lohnte.

Das Haus Koekkoek wurde im Mai 1960 als städtisches Museum eröffnet. Wenige Monate später hatte Joseph Beuys hier seine erste größere Einzelausstellung. Trotz dieses rückblickend epochalen Schritts konnten die Ambitionen, ein Museum für Gegenwartskunst zu werden, auf Dauer nicht realisiert werden. Nach aufwendigen Restaurierungen wurde das Haus Koekkoek 1998 als Spezialmuseum wiedereröffnet. Ausgestellt werden Arbeiten aus fünf Malergenerationen der Familie Koekkoek und Bilder der Klever Romantiker, deren Lehrer Barend Cornelis Koekkoek war.

Adresse Koekkoekplatz 1, 47533 Kleve, Tel. 02821/768833, www.koekkoek-haus.de | ÖPNV Bus 51, Haltestelle Koekkoekplatz | Anfahrt A 57, Ausfahrt Kleve, B 9 bis Klever Ring, bei der Kalkarer Straße links, am Kreisverkehr halb rechts auf die Bahnhofstraße, links auf die Herzogstraße und die Minoritenstraße, zu Fuß zum Koekkoekplatz | Öffnungszeiten Di–Sa 14–17 Uhr, So und Feiertage 11–17 Uhr | Tipp Am Fischmarkt stellt ein von Karl-Henning Seemann gestalteter Brunnen das dramatische Ende der Lohengrin-Sage dar. Der Fischmarkt war vor seiner Zerstörung im Zweiten Weltkrieg mit seinen wohlhabenden Stadthäusern das bürgerliche Herzstück Kleves.

51 Die historischen Gärten

Mit Weitsicht

Prinz Moritz von Nassau-Siegen wurde am 14. Oktober 1647 zum Statthalter der rheinischen Besitzungen des Kurfürsten Friedrich Wilhelm von Brandenburg ernannt. Bereits eine Woche später begann er, die großen Parkanlagen zu planen, die auch heute wieder wie zu Moritz' Zeiten den Ruf der Stadt untermauern, eine der schönsten am Niederrhein zu sein.

Der Prinz dachte und sah in großen Dimensionen. Als Gouverneur von Brasilien, der er bis 1644 gewesen war, hatte er schon Parks und Plantagen ganz nach seinem absolutistisch geprägten Geschmack anlegen lassen, immer darauf bedacht, den eigenen Ruhm, der ursprünglich militärisch begründet war, zu mehren. Den Plan für den Klever Tiergarten arbeitete er vermutlich mit Jacob van Campen aus, der zusammen mit dem legendären Baumeister Pieter Post bereits das Stadtpalais »Mauritshuis« in Den Haag für den Prinzen entworfen hatte. Der Blick vom Amphitheater über den Minerva-Brunnen, den »Eisernen Mann« und das große, alleengesäumte Bassin bis zur Stiftskirche nach Hoch-Elten kannte scheinbar keine Grenzen. Kleve wurde innerhalb weniger Jahre von einem System sternförmiger Sichtachsen durchzogen, in deren Fluchtpunkten historische Gebäude oder herausragende Landmarken standen.

Etwa 100 Jahre später wurden die Ideen des Prinzen durch die Anlage des Forstgartens ergänzt, der als »Neue Plantage« dem politischen und gesellschaftlichen Geist der Aufklärung verpflichtet war und mit mehr als 150 Gewächsen das botanische Wissen der Zeit dokumentierte. Von französischen Revolutionstruppen wurden die Parkanlagen in Teilen zerstört und konnten erst zwischen 1822 und 1830 nach Plänen von Maximilian Weyhe als englisch inspirierter Landschaftsgarten neu gestaltet werden. Ignoranz und Krieg haben sie im 20. Jahrhundert nochmals zerstört. Glücklicherweise sind sie in den 1980er Jahren wie ein Kunstwerk aufwendig restauriert worden.

Adresse Tiergartenstraße, 47533 Kleve | ÖPNV Bus SB 58, Haltestelle Forstgarten | Anfahrt A 57, Ausfahrt Kleve, B 9 bis Klever Ring, rechts auf Tiergartenstraße | Öffnungszeiten ganzjährig rund um die Uhr zugänglich | Tipp Der Tiergarten Kleve pflegt vor allem alte Haustierrassen wie Bentheimer Landschafe, Pinzgauer Rinder, Wollschweine, Poitou-Esel oder Kaltblutpferde, daneben auch Afrikanische Zwergziegen, Kängurus, Steppenfüchse und Lamas.

52 Das Johanna-Sebus-Denkmal

Selbstlos in den Fluten

»Der Damm zerreißt, das Feld erbraust, / Die Fluten spülen, die Fläche saust« – mit beiden Händen griff Johann Wolfgang von Goethe, Dichterfürst und höchste literarische Instanz seiner Zeit, in die Wortkiste, um denen ein Bild zu vermitteln, die ebenso wie er selbst nicht Zeugen der dramatischen Ereignisse am 13. Januar 1809 in Brienen gewesen waren.

Bei Hochwasser und Eisgang war der Rheindeich gebrochen, und der gnadenlos in die Breite gehende Strom setzte das Land so schnell und reißend unter Wasser, dass die Menschen hinter dem Deich um ihr Leben laufen mussten. Die 17-jährige Johanna Sebus hatte erst selbstlos ihre Mutter und ihre Geschwister aus den Eisfluten gezogen, war dann zurück ins Wasser gestiegen und bei dem letzten Versuch, auch Nachbarn in Sicherheit zu bringen, selbst ertrunken. Bei Niedrigwasser fand man ihre Leiche.

Die damalige Welt zeigte sich tief erschüttert – denn ihre Tat war nicht nur heroisch gewesen, sie symbolisierte auch ein neues bürgerliches Bewusstsein, das infolge der Französischen Revolution den absolutistischen Egoismus durch Selbstlosigkeit überwinden und Eigensinn durch Gemeinsinn ersetzen sollte. Zumindest sollte dies für die niederen Stände gelten. Napoleon Bonaparte, Revolutionsgeneral und seit 1804 Kaiser der Franzosen, sah sich als Hüter republikanisch-neomonarchistischer Ideale und hatte die »Weiße Rose« gestiftet, eine Ehrung für besonders tugendhafte junge Frauen. Die Ehrung war mit einem goldenen Ring und der Übernahme der Aussteuer durch den Staat verbunden, damit die jungen Frauen selbstbewusst in die Ehe gehen konnten. Da die posthum Geehrte von dieser Schenkung naturgemäß nicht mehr profitieren konnte, ließ Napoleon das von den Fluten zerstörte Haus der Familie Sebus auf Staatskosten wieder aufbauen.

Adresse Johanna-Sebus-Straße, 47533 Kleve-Rindern/Wardhausen | **ÖPNV** Bus 50, 52, Haltestelle Zur Schleuse | **Anfahrt** A 3, Ausfahrt Emmerich, Richtung Emmerich, B 220 über die Rheinbrücke, rechts auf Oraniendeich bis Griethausen, wieder rechts auf Postdeich bis Wardhausen, hinter dem Spoykanal rechts auf die Johanna-Sebus-Straße | **Öffnungszeiten** ganzjährig, bei geschlossener Pforte Schlüssel im Restaurant »Zum Johanna-Sebus-Denkmal« | **Tipp** In der Nähe des Denkmals befindet sich der Spoykanal, dessen Schleuse 1658 bis 1688 errichtet und nach den häufigen Rheinhochwassern immer wieder aufgebaut wurde. Mitte des 19. Jahrhunderts passierten täglich 600 Schiffe den Kanal.

53 Der Kermisdahl

Nie sollst du mich befragen

Er ist der letzte von mehreren Rheinarmen, die durch die weite Ebene bis an das steil aufragende Kliff mäanderten, das Kleve vermutlich seinen Namen gab. Der Kermisdahl stammt noch aus der Zeit, als sich der Rhein ungebändigt und temperamentvoll jährlich neue Wege suchte. Er schuf diese Landschaft und schuf ihre Mythen.

Und so kann man sich noch heute vorstellen, wie über den Kermisdahl ein weißer Schwan direkt auf die Burg zuglitt. Es muss ein beglückender Anblick gewesen sein: An einer goldenen Kette zog der Schwan einen Nachen, in dem ein junger Mann von unbeschreiblicher Schönheit stand, gestützt auf ein goldenes Schwert. Von ihrer Burg aus sah im Dezember des Jahres 710 die unglückliche Gräfin Beatrix, reich und von Neidern bedroht, hilflos und jung, diesen edlen, unbekannten Ritter, der sich Elias Grail nannte. Er versprach, mit seinem Schwert ihre Probleme zu lösen, unter der Bedingung, dass sie ihn nie zu seiner Herkunft und der Geschichte befragen würde, die ihn hierhergebracht hatte.

Das klevische Glück begann, die Burg hieß von nun an Schwanenburg, und der Schwan wurde ebenso wie die acht gekreuzten Zepter auf dem Schild des Ritters das Wappen von Kleve. Drei Söhne machten das dynastische Glück vollständig, aber nach 22 Jahren stellte die Gräfin im Übermut oder von alter Neugier getrieben die Frage: »Wer bist du?« Elias Grail soll darauf wortlos sein Schwert gegürtet, die Burg und das Land verlassen haben und nie wieder gesehen worden sein. Die unglückliche Gräfin starb kurze Zeit später und geisterte noch Jahrhunderte als Weiße Frau, sich selbst und ihre Neugier verfluchend, durch die nächtliche Schwanenburg. Spätestens seit Mitte des 14. Jahrhunderts beriefen sich die Grafen und Herzöge von Kleve auf das junge und historisch nicht verbürgte Paar, das sie als ihre Stammeseltern ansahen und in ihren Überlieferungen behandelten wie historische Personen.

Adresse zwischen Schwanenburg und Freudenberg, 47533 Kleve | **ÖPNV** Bus 44, Haltestelle Königsgarten | **Anfahrt** A 57, Ausfahrt Kleve, B 9 bis Kleve, unmittelbar hinter dem Abzweig Klever Ring auf die Uedemer Straße Richtung Bedburg-Hau, links auf kleinen Parkplatz abbiegen; alternativ beim Abzweig Klever Ring über die Nassauer Allee Richtung Schwanenburg, vom Parkplatz zu Fuß zum Königsgarten | **Tipp** Am Prinzenhof in Höhe Goldstraße erinnert eine Gedenktafel an die Alte Synagoge von Kleve, die am 9. November 1938 zerstört wurde. Die Grundmauern sind auf dem Pflaster nachgezeichnet.

54 Das Museum Kurhaus

Liebespaar mit Beuys und Mataré

Der Niederrhein wird oft unterschätzt. Das gilt auch für seine Museen, zumindest für die, die außerhalb der Metropolen liegen. Das Museum Kurhaus gehört wie das Begas Haus in Heinsberg und das Stiftsmuseum in Xanten zu den Museen, denen man mehr Zuspruch und vor allem mehr Besucher wünschen würde.

Es ist großartig und großzügig, es hat wunderbare Räume, hervorragende Kuratoren und einen ambitionierten Freundeskreis. Dennoch ist es oft menschenleer. Für den Besucher ist das durchaus ein Glück. Man kann sich zum Beispiel ganz ungestört mit der Frage beschäftigen, ob Ewald Mataré (1887–1965) tatsächlich einer der bedeutendsten Künstler der Klassischen Moderne ist oder ob sein lichter Ruf nicht doch von seinem weltberühmten Schüler Joseph Beuys (1921–1986) herrührt, der wie Mataré mit sehr ausgesuchten und beredten Exponaten im Kurhaus vertreten ist. Bevor er nach Düsseldorf ging und sich an der dortigen Kunstakademie um eine Professur bewarb, nutzte Beuys in den frühen 1960er Jahren den Westflügel des heutigen Museums als Atelier.

Die vielen Ausstellungen zur Gegenwartskunst sind spektakulär und bezeichnen gesellschaftliche und kulturelle Höhepunkte am nördlichen Niederrhein. Ein wenig im Schatten dieser Ereignisse stehen andere bedeutende Museumsexponate des frühen Mittelalters, des Barock und der Rheinromantik. Der mittlerweile über alle Grenzen berühmte »Handtuchhalter mit Liebespaar« (um 1535) des Kalkarer Bildhauers und Holzschnitzers Arnt van Tricht wird 2024 auch im Pariser Louvre ausgestellt.

Die Sammlungen begründete der Statthalter des brandenburgischen Kurfürsten, Prinz Moritz von Nassau-Siegen (1604–1679). Auf der Terrasse des nach ihm benannten Cafés mit Blick in die historischen Gärten bekommt man eine Ahnung davon, wie die Kurstadt »Bad Cleve« früher einmal aussah.

Adresse Tiergartenstraße 41, 47533 Kleve, Tel. 02821/75010, www.museumkurhaus.de | ÖPNV Bus SB 58, Haltestelle Forstgarten | Anfahrt A 57, Ausfahrt Kleve, B 9 bis Klever Ring, rechts auf Tiergartenstraße | Öffnungszeiten Di–So 11–17 Uhr | Tipp Ganz in der Nähe liegt das Schloss Gnadenthal des Anacharsis Cloots genannten Barons, der als Revolutionär und Jakobiner aus der Kathedrale Notre-Dame in Paris vorübergehend einen »Tempel der Vernunft« machte. 1794 wurde er von anderen Revolutionären hingerichtet.

55 Das Prinz-Moritz-Grab

Und alle Lust will Ewigkeit!

Schon die Zeitgenossen des Prinzen Moritz von Nassau-Siegen wussten, »dass dergleichen Wahrstück oder Werk zu Rom oder in Frankreich nicht zu finden sei«. Gemeint ist des Prinzen drittes Grabmal, das er sich in seinen Klever Parkanlagen errichten ließ. Nach zwei heute nicht mehr erhaltenen Vorgängergräbern wurde in Bergendael ein einzigartiges Monument geschaffen, das nördlich der Alpen tatsächlich beispiellos ist.

Eine monumentale Tumba – also ein Sarkophag ohne Leichnam – aus Gusseisen steht offen unter Bäumen hinter einer Exedra, einer halbkreisförmigen Einmauerung, in die römische Grabsteine, Votivaltäre und Urnen römischer Soldaten und Feldherren eingelassen sind. Vermutlich inspiriert durch italienische Parkanlagen des 16. Jahrhunderts, schuf der Prinz eine Art arkadischer Sakrallandschaft. Am Ende seines abenteuerlichen Lebensweges angekommen – er war auch Gouverneur von Brasilien – sollte er entgegen der christlichen Tradition nicht in einer Kirche oder auf einem Friedhof ruhen, sondern mitten in der von ihm gestalteten und arrangierten Natur.

In den Jahren vor seinem Tod am 20. Dezember 1679 hatte Moritz versucht, »das Sterben zu lernen«. Mit Erlaubnis des brandenburgischen Kurfürsten, dessen Statthalter am Niederrhein er war, ließ er sich gegenüber seinem Grabmal eine Hütte errichten, eine Einsiedelei, von der aus er die Stelle besichtigen konnte, an der er bald liegen würde. Sein Grabmal sollte eine Mahnung an die Vergänglichkeit sein, aber auch die Hoffnung auf sein heroisches Fortleben ausdrücken, ein Herrschaftsmausoleum und ein Philosophengrab sozusagen.

Letztendlich unentschlossen, ob er sich mehr der antiken Philosophie oder dem christlichen Glauben verpflichtet fühlen sollte, verfügte der Prinz noch auf dem Sterbebett, nach nur sechs Monaten im Eisensarkophag von Bergendael in die kirchliche Familiengruft seiner Ahnen nach Siegen überführt zu werden.

Adresse Uedemer Straße, 47533 Kleve | **ÖPNV** Bus 46, 54, 56, 97, Haltestelle Berg und Tal | **Anfahrt** A 57, Ausfahrt Kleve, B 9 bis Klever Ring und weiter auf Uedemer Straße Richtung Bedburg-Hau, Grabmal unterhalb des Restaurants »La Bergerie« abseits der Straße | **Tipp** Im »ArToll Kunstlabor« der Rheinischen Kliniken in Bedburg-Hau (Zur Mulde 10) finden regelmäßig Kunstprojekte mit Künstlern, Patienten und interessierten Besuchern statt. Die Ausstellungen sind öffentlich zugänglich.

56 Der Reichswald

Nach der Schlacht

Man begegnet Wanderern, Joggern, Pilz- und Bärlauchsammlern, Reitern, Radfahrern und Hundehaltern, und gelegentlich erblickt man im Unterholz sogenannte Schatzsucher. Sie schwenken ihre Metalldetektoren über das Laub und warten auf Pieptöne, die ihnen signalisieren, dass es hier etwas zu finden gibt. Meist geht es um granatenscharfe Munition, verrostete Helme oder Gürtelschnallen und im besten Fall um Orden. Deutsche Nahkampfspangen und britische Military Crosses sollen besonders begehrt sein.

Dass der Reichswald unter Trödlern und Militaria-Freaks so außerordentlich beliebt ist, liegt an der im Februar 1945 begonnenen Operation »Veritable«, die als »Schlacht um den Reichswald« in die Geschichte einging. Am 8. Februar begann frühmorgens um fünf Uhr das größte alliierte Artilleriefeuer des Zweiten Weltkriegs. Ungefähr eine halbe Million Salven ging auf den Reichswald nieder, in dem kein Baum neben dem anderen blieb. Dennoch dauerte der Kampf fast drei Wochen. Die letztendlich siegreichen, aber auch traumatisierten Briten und Kanadier konnten nur 30 Kilometer unter großen Verlusten zurücklegen. Gekämpft wurde um jeden Meter und am Ende auch gegen jeden Mann. Das Ziel der groß angelegten Operation war es, die deutschen Stellungen im Reichswald niederzukämpfen und die Reichsstraße 58 als Nachschubtrasse für den geplanten Rheinübergang zu erobern.

Das mit 5.000 Hektar größte Waldgebiet am Niederrhein musste nach dem Krieg fast komplett neu aufgeforstet werden. Nur an wenigen Stellen kann man heute noch Bäume entdecken, die etwas von der Erhabenheit alter Wälder vermitteln. In seiner besten Zeit, ab dem 15. Jahrhundert, diente der Reichswald den Herzögen von Kleve und ihren adligen Besuchern als Jagdrevier. Um 980 hatte die Kaiserin Theophanu ihren Sohn, den späteren Kinderkönig und deutschen Kaiser Otto III., während einer Reise im Reichswald zur Welt gebracht.

Adresse zwischen 47574 Goch, 47533 Kleve und 47559 Kranenburg | ÖPNV Bus 50, Haltestelle Reichswald Friedhof (zentraler Ausgangspunkt) | Anfahrt A 57, Ausfahrt Kleve, B 9 Richtung Kleve, links auf Asperdener Straße (B 504) bis Grunewald, rechts auf Grunewaldstraße, Parkplätze beim Britischen Ehrenfriedhof, Fußwege rechts und links der Straße in den Wald | Tipp Die 1948 bis 1951 entstandene Ortschaft Reichswalde unmittelbar am Reichswald ist eine ehemalige Waldarbeitersiedlung, die gegründet wurde, um vertriebene Bauern aus Oberschlesien und Ostpreußen anzusiedeln. 100 Siedlerstellen wurden damals in den Wald geschlagen.

57 Der Salmorth

Immer was los

Friedlich sieht es hier aus, sehr weit und grün. Unter einem lichtblauen Himmel ziehen Wolken wie aus Kinderbüchern, Kiebitze jagen durch die Luft, der Sommerwind beugt die Bäume, und die schwarz-weißen Kühe an einer alten Badewannentränke sehen stumm einem voluminösen Traktor hinterher. Einige Sehnsuchtshäuser stehen entfernt auf Warften, künstlich aufgeschütteten Hügeln, wie auf Inseln. Vermutlich ist es sehr schön, hier zu wohnen. Jedenfalls ist es anders.

Und manchmal wird es trotz der sommerlichen Niederrhein-Idylle turbulent. Wenn im Winter und Frühjahr das Hochwasser das Deichvorland überflutet, dann stehen die Höfe wie auch der ganze nahe Ort Schenkenschanz im Wasser. Die für diese Gegend typischen Kolke weisen auf ehemalige Deichbrüche hin, die Salmorth und andere Auen am Niederrhein zu ungemütlichen Plätzen machten. Kolke entstehen an den Bruchstellen, wenn das Wasser durch den Deich strömt und tiefe Mulden ausspült. Den zahlreichen Flutkatastrophen vergangener Jahrhunderte folgte am 19. März 1895 eine andere, aber ebenso dramatische. Vor Salmorth, direkt gegenüber dem holländischen Dorf Spijk – zwischen den Rheinkilometern 859,7 und 859,9 –, wurden 7.900 Kisten Dynamit auf dort ankernde Schiffe umgeladen. Niemand weiß, was genau geschah. Aber eines der Schiffe, die »Elisabeth«, wurde von einer plötzlichen Explosion zerrissen, andere Schiffe fingen Feuer, und 16 Menschen, Schiffer mit ihren Familien und angeheuerte Arbeiter, starben.

Das Gebiet zwischen Griethauser Altrhein und Rhein trägt den schönen Namen Salmorth und erinnert damit an die Zeit, als noch Lachse, die am Niederrhein Salme heißen, gefangen wurden. Das ist lange her. Mit viel Glück wird gelegentlich auch heute wieder ein einzelner Salm gefangen. Wer weiß, wie sie aussehen, kann hier über den offenen Wiesen auch Austernfischer, Rotschenkel, Wiesenpieper und Schafstelzen ausmachen.

Adresse 47533 Kleve-Salmorth | **ÖPNV** Bus 52, Haltestelle Salmorth | **Anfahrt** A 3, Ausfahrt Emmerich, B 220 über den Rhein, rechts auf Oraniendeich bis Griethausen, wieder rechts auf Postdeich und die Rheinstraße Richtung Spyck nach Salmorth | **Tipp** Zwischen Drususdeich und dem sogenannten Zweistrom liegt die Rindernsche Kolke, ein Naturschutzgebiet mit 17 Kolken und Tümpeln, in dem auch Störche Station machen.

58 Schenkenschanz

Blick auf einen fernen Ort

Manchmal erinnert Schenkenschanz an die Darstellungen auf alten Zeichnungen und Stichen. Ein entfernter, ummauerter Ort, der die Jahrhunderte überstanden hat und noch immer scheinbar unberührt von den Zeiten mitten in den niederrheinischen Wiesen liegt, erreichbar nur über eine lang gezogene Straße, an deren Ende ein Tor bei drohendem Hochwasser den Weg versperrt. Hier könnte, wenn es sie jemals gegeben hätte, der Ursprung einer Niederrhein-Romantik gewesen sein. In der flachen, weiten Landschaft finden sich einzelne, leicht erhöhte Weiler und Höfe, der wirklichen Welt entrückt, in einem meernahen und impressionistischen Licht.

Aber Schenkenschanz' Geschichte begann kriegerisch: Im Auftrag von Robert Dudley, dem Earl von Leicester und Geliebten und Vertrauten der englischen Königin Elisabeth I., baute der Söldner und Heerführer Martin Schenk von Nideggen 1586 die Festung, die in ihrer Zeit eine der wichtigsten und umkämpftesten werden sollte. An der strategisch bedeutenden ehemaligen Gabelung von Rhein und Waal gelegen, wurde Schenkenschanz zur uneinnehmbaren Bastion ausgebaut, und wer sie befehligte, kontrollierte nicht nur den Rhein, sondern indirekt auch die Niederlande. Der Spanisch-Niederländische Krieg, in dem es 80 Jahre lang um die Unabhängigkeit der niederländischen Provinzen von Spanien ging, hatte die Engländer auf die Seite der Aufständischen gebracht.

Von Dudleys Festung gegen die Spanier blieb schließlich nur die Erinnerung. Als der Rhein sein Flussbett verlagerte, verlor Schenkenschanz zunehmend an Bedeutung. Die Altrheine versandeten. Bis zum Wiener Kongress 1815 war die ehemalige Inselfestung niederländisch, dann wurde sie preußisch. Bei Hochwasser blickt eine besorgte Öffentlichkeit auch heute wieder regelmäßig auf den entfernten Ort, der dann für ein paar Stunden oder Tage zum lokalen Medienereignis wird.

Adresse 47533 Kleve-Schenkenschanz | **ÖPNV** Bus 52, Haltestelle Schenkenschanz | **Anfahrt** A 3, Ausfahrt Emmerich, Richtung Emmerich, der B 220 über die Rheinbrücke folgen, rechts auf Oraniendeich bis Griethausen, wieder rechts Richtung Brienen/Wardhausen und auf der Johanna-Sebus-Straße bis Düffelward, rechts zur Fähre nach Schenkenschanz | **Tipp** Die malerische alte Pappelallee nördlich von Schenkenschanz wurde vor einigen Jahren wegen akuter Kronenbrüche durch neue Eschenanpflanzungen ersetzt.

59 Das Schloss Gnadenthal

Reine Vernunft kann niemals siegen

Der letzte Besitzer, Baron van Hövell tot Westerflier, schenkte Schloss Gnadenthal im Sommer 2008 der niederländischen Kulturstiftung »Geldersch Landschap en Geldersche Kasteelen«. Diese Großzügigkeit hätte möglicherweise auch Johann Baptist Hermann Maria Baron von Cloots gefallen, der 1755 auf Schloss Gnadenthal geboren wurde und sich als Revolutionär »Anacharsis« nannte – nach einem edlen Wilden aus Jean-Jacques Barthélemys gleichnamigem und damals sehr populärem Roman. Im März 1794 wurde er in Paris von anderen Revolutionären hingerichtet.

Anacharsis Cloots war Weltbürger, reich und radikal, in gewisser Weise auch ein unverbesserlicher Menschenfreund, der von revolutionären Utopien geleitet wurde und von dem Gedanken an eine »Weltrepublik« beseelt war. Cloots verfolgte das ehrgeizige Ziel, Adel und Kirche abzuschaffen, und als ehemals guter Katholik wollte er den christlichen Gott durch reine Vernunft ersetzen. Mit 36 von ihm persönlich bezahlten Statisten, die er als »Abordnung des Menschengeschlechts« aus einem Theaterfundus kostümiert hatte, erschien Cloots in der französischen Nationalversammlung. Als Wortführer der bunten Truppe machte er vor den revolutionären Jakobinern und ihren Anführern Robespierre und Desmoulins Eindruck. Cloots war damit zum »Redner des Menschengeschlechts« avanciert, eine schillernde Gestalt und für ein paar Monate der vermutlich bekannteste Ausländer in Paris. Als prominenter Atheist war Cloots einer der Zeremonienmeister, die aus der Kathedrale Notre-Dame vorübergehend einen »Tempel der Vernunft« machten.

Schloss Gnadenthal wurde 1704 durch Johann Moritz von Blaspiel errichtet und Anfang des 19. Jahrhunderts klassizistisch umgebaut. Die vorgesetzte Backsteinfassade mit den großen Rundbogenblenden stammt von Ernst Friedrich Zwirner, dem Kölner Dombaumeister, der auch Schloss Moyland umgestaltete.

Adresse Gnadenthal 8, 47533 Kleve, Tel. 02821/29080 | Anfahrt A 57, Ausfahrt Kleve, B 9 über Klever Ring bis Tiergartenstraße, rechts nach Gnadenthal | Öffnungszeiten nur von außen zu besichtigen | Tipp Das Schloss liegt am Rand der Kellener Flussmarschen. Man kann durch die Auenwälder sehr schöne Spaziergänge und Wanderungen bis zur holländischen Grenze unternehmen.

60__Der Schwanenturm

Auferstanden aus Ruinen

Selbst wenn man noch weit von der Stadt entfernt ist, sieht man bereits ihr Wahrzeichen: Der Schwanenturm reicht 56 Meter hoch in den Himmel über Kleve, und oben auf seiner Helmspitze überschaut ein Schwan die Stadt und das Land.

An dieser Stelle soll schon lange ein Turm gestanden haben. Der erste wird Julius Cäsar zugeschrieben. Auch wenn bis heute keine römischen Fundamente gesichert werden konnten, ist die Vorstellung, der berühmteste römische Feldherr habe hier einen Turm gebaut, so angenehm, dass sie noch immer gern kolportiert wird. Tatsächlich ist es naheliegend, dass schon die Römer diesen strategisch wichtigen Berg, auf dem später Kleve errichtet wurde, militärisch nutzten.

Die Inschrift, die auf Cäsar als Bauherrn hinwies, stammte allerdings aus dem Mittelalter und wurde von Herzog Adolf angebracht, der den Turm nach seinem Einsturz am 7. Oktober 1439 vom klevischen Baumeister Johann Wyrenberg noch größer und schöner wieder aufrichten ließ. Und es war wieder ein 7. Oktober, als er erneut zerstört wurde: Während der Bombardierung der Stadt 1944 stürzte ein britischer Bomber in den Turm und explodierte. Der ausgebrannte Rest war ein Symbol für den Untergang der Stadt. Nach 700 Jahren schien die Stadt nach einem weiteren Großangriff am 7. Februar 1945 nicht mehr zu existieren, Tausende Bomben waren vom Himmel gefallen: »Es gibt kein Kleve mehr, keinen Schwanenturm, nichts …«

Aber Kleve und der Schwanenturm stehen wieder. Auferstanden aus Ruinen konnte man ihn bis 2021 besteigen und von oben in alle Himmelsrichtungen das Land überblicken, das einst, als der Schwanenritter Elias Grail die Phantasien beflügelte, den Grafen und Herzögen von Kleve gehörte. Die Schwanenburg ist heute Sitz des Amts- und Landgerichts. Der Turm und die darin befindliche geologische Sammlung wurden aus Gründen des Brandschutzes geschlossen und harren seitdem der Wiedereröffnung.

Adresse Schlossberg 1, 47533 Kleve, Tel. 02821/22884 | Anfahrt A 57, Ausfahrt Kleve, B 9 bis Abzweig Klever Ring, Nassauer Allee Richtung Schwanenburg, Fußweg zum Schlossberg | Öffnungszeiten derzeit nur von außen zu besichtigen | Tipp Das Denkmal des Großen Kurfürsten Friedrich Wilhelm I. an der Schlossstraße wurde 1909 in Anwesenheit von Kaiser Wilhelm II. unter dem Salut von 101 Schüssen des Feldartillerie-Regiments enthüllt.

61 Das Pfadfinder-Grab

Der Berg ruft!

Im Wald unterhalb der Liedberger Burg gab es einen Einstieg in eine Welt, die von Geschichten und jugendlichen Phantasien belebt wurde. Er war klein und eng und vor allem – verborgen. Man musste auf allen vieren hineinkriechen, um irgendwann im Schein von Pechfackeln aufrecht stehen zu können.

Die 13 Jungen, die das Unglück überlebten, das sich hier in der Nacht vom 21. auf den 22. Juni 1930 ereignete, berichteten von »Sälen und Domen«, die sich unterhalb der Burg auftaten, von toten Gängen und Kammern und von vermuteten Fluchtwegen, die von den Rittern der belagerten Liedberger Burg vor Jahrhunderten benutzt worden sein sollen. Die Unglücksstelle liegt etwa 800 Meter tief horizontal im Berg. Bis zu diesem sogenannten Felsenkeller waren schon zuvor andere Jungen und Pfadfinder, die sich gelegentlich im Liedberger Haag trafen, mehr als 20 Mal hineingekrochen. Die möglichen Gefahren, die ihnen drohten, erwarteten sie allenfalls in Fledermäusen oder Schreckgespenstern, hinter denen andere Jungen steckten.

In dieser Nacht hatten 16 Pfadfinder aus Düsseldorf, bevor sie in den Berg einstiegen, vor der Burg die Sonnenwende gefeiert, und der Höhepunkt ihres Ausfluges sollte das Vergraben einer Urkunde im Felsenkeller sein. Angeführt wurden sie von Albert Voigt, einem 16-jährigen Lehrling. Ihn und die beiden unmittelbar bei ihm Stehenden, Paul Schneiders und Heinrich Pöskes, traf die volle Wucht von Felsbrocken, die sich plötzlich aus der Decke gelöst hatten. Ein Sachverständiger, der am Morgen des 22. Juni in den Berg hinein zur Unglücksstelle kroch, schätzte das Gewicht der abgegangenen Felsen auf etwa 200 Zentner.

Nur Heinrich Pöskes konnte tot geborgen werden. Voigt und Schneiders liegen noch heute unterhalb der Burg in den verschlossenen Gängen. Vor dem alten Einstieg befindet sich das symbolische Grab, das an die Jungen erinnern soll.

Adresse Schloss Liedberg, Schlossstraße 39, 41352 Korschenbroich-Liedberg | **ÖPNV** Bus 031, Haltestelle Liedberg-Kirche | **Anfahrt** A 46, Ausfahrt Neuss-Holzheim, B 230 bis Liedberg, dann in die Schlossstraße, Ziel gegenüber dem Liedberger Landgasthaus | **Tipp** Das »Gasthaus Stappen« (Steinhausen 39) und das Liedberger Landgasthaus (Landstraße 19) zählen zu den besten Restaurants der Region.

62__Die Düffel

Kühe in Halbtrauer

Geologisch gehört der Niederrhein zu den Niederlanden, und so ist es nicht verwunderlich, dass man hier an vielen Orten an das Nachbarland erinnert wird.

In den weiträumigen Flussmarschen der Düffel nördlich von Kranenburg glaubt man, die wirkliche und auch in den Köpfen dünn gezogene Grenze allerdings längst überschritten zu haben. Nirgendwo sonst ist mehr Niederlande. Und nirgendwo sonst ist der Niederrhein flacher, weiter, endloser. Wären nicht die lang gezogenen Hecken und die erhöhten Gehöfte auf den Wurten – so nennt man die gegen das Hochwasser aufgeschütteten Hügel –, die sich ins Blickfeld schieben, sähe man überall im Norden und Westen nur noch Himmel und Erde, die sich am Horizont berühren.

Typisch für diese Landschaft sind die »Wässerungen«, die das Land parallel durchziehen. Diese Entwässerungsgräben wurden im 14. Jahrhundert von niederländischen »broekers« angelegt, die darauf spezialisiert waren, Feuchtgebiete urbar zu machen. Schwarz-weiße Kühe stehen im Wind und blicken stumm umher. Feldhasen schlagen exzentrische Haken. In den Kopfweiden brütet die größte Population von Steinkäuzen am Niederrhein, und seit Mitte der 1990er Jahre schüren die ersten und jahrzehntelang vermissten Weißstörche wieder die Hoffnung, dass im letzten Augenblick, zumindest an der Düffel, die ökologische Schussfahrt der vergangenen Jahrzehnte beendet wurde. Im Herbst, wenn sich die Düffel unter den ersten Stürmen wegduckt, landen hier in einem gewaltigen Naturschauspiel bis zu 200.000 Blässgänse aus Sibirien.

Die Düffel lässt sich sehr gut auf dem Fahrrad erkunden, stilgerecht am besten auf einem »Holländer«. Es gehört zu den unergründlichen Geheimnissen und sperrigen Eigenarten des Niederrheins, dass man immer gegen den Wind fährt. Das plötzliche und kurze Phänomen des Rückenwinds hebt wie alle Wunder den Gläubigen für einen kurzen Moment jauchzend in den Himmel.

Adresse nördlich von Kranenburg zwischen der niederländischen Grenze und 47533 Kleve | **Anfahrt** A 57, Ausfahrt Kleve, auf der B 9 und der B 504 bis nördlich von Kranenburg, auf verschiedenen Kreisstraßen durch das Gebiet der Düffel | **Tipp** Die Kirche St. Martin in Zyfflich von 1010 wurde, bedingt durch Kriegszerstörungen, die vor allem die gotischen Umbauten betrafen, wieder in ihrer ursprünglichen Form hergestellt und besitzt noch Teile ottonischer Bauplastik.

63 Das Museum Katharinenhof

Von Heiligen und Tränen

Kleine Museen geben sich einer häufig ganz hemmungslos exhibitionistischen Naivität hin, die zeigt, was Direktoren, Stifter, Kuratoren und Künstler hinterließen. Es ist ein bisschen wie in den Ausstellungsräumen der Auktionshäuser: Von allem findet man etwas, meistens zu viel und doch zu wenig, um den porösen Sammlungen eine effektive Stoßrichtung und damit ein relevantes Gewicht zu geben.

Erschwerend hinzu kommt der Umstand, dass die kleinen Museen für gewöhnlich mehr noch als die großen auf Schenkungen angewiesen sind. Für das Kranenburger Museum Katharinenhof hatte der ehemalige Generaldirektor der Kölner Museen Hugo Borger die wunderbare und naheliegende Idee, die vielen kleinen Schenkungen aus dem Bereich christlicher Volksreligion zusammenzufassen und möglichst zu erweitern. So entstand eine einzigartige Sammlung volkstümlicher Religiosität, die mehr als 3.000 Stücke umfasst. Was immer das bewegte Alltagsleben niederrheinischer Katholiken beseelte, von der Taufe bis zum Tod, ist hier in schönen, zeitgemäßen Museumsarrangements zu sehen. Ursprünglich waren die Exponate in den oft unscharfen Bereichen zwischen Kunst, Kult und Kitsch zu Hause. Die alte, heute fast verschwundene Volksfrömmigkeit schuf so auch phantastische optische Beziehungssysteme, die so atemberaubend sein können wie surrealistische Plastiken, aber auch so entwaffnend kindlich wie bunte Reiseandenken aus Plastik.

In der Dauerausstellung »Heilige Orte – Heilige Dinge« gibt es eine Fülle von Votivgaben, Gnadenbildern, Rosenkränzen, Kruzifixen und Klosterarbeiten, in denen Reliquien und vor allem sogenannte Berührungsreliquien aufbewahrt wurden – also Gegenstände, die echte Reliquien auf Wallfahrten und Pilgerreisen lediglich berührt haben und allein dadurch bereits ein Stück vom Himmel auf die Erde brachten.

Adresse Mühlenstraße 9, 47559 Kranenburg, Tel. 02826/623, www.museumkatharinenhof.de | ÖPNV BKr, Bus 55, Haltestelle Kranenburg Mitte | Anfahrt A 57, Ausfahrt Kleve, auf der B 9 Richtung Kleve, bei der Asperdener Straße links auf die B 504 bis Kranenburg, links auf der Klever Straße ins Zentrum, Fußweg zum Museum | Öffnungszeiten Sa, So 14–17 Uhr | Tipp Die kleine evangelische Kirche von 1723 an der Mühlenstraße stand zwar immer im Schatten von St. Peter und Paul, ist aber wegen ihrer Schlichtheit und einer barocken Kanzel aus dem 17. Jahrhundert sehenswert.

64__St. Peter und Paul

Lohn des Wartens

Ist sie nun sein Leib, oder ist sie nur eine Metapher? Was isst die Kirchenmaus, wenn ein Partikel der geweihten Hostie auf den Boden fällt? Frisst sie letztendlich nur ein Stück Brot oder doch mehr? Der Streit um die Transsubstantiation, also die Wandlung von Wein und Brot in Blut und Leib Christi, erhitzte im 13. Jahrhundert die Gemüter. Die heilige Inquisition sollte diejenigen intensiv befragen, die meinten, die geweihte Hostie sei nur Brot. Bernardo Gui, bekannt aus »Der Name der Rose«, war einer der Großinquisitoren. Das Vierte Laterankonzil von 1215, an dem mehr als 1.200 Bischöfe und Äbte teilnahmen, bestätigte die Transsubstantiation, aber unter den einfachen Leuten bedurfte es klarer Ansagen und eindeutiger Zeichen.

In Kranenburg gab es eins davon. Ein Hirte wollte oder konnte am Ostersonntag 1280 die Hostie während der heiligen Kommunion nicht schlucken. Jedenfalls trug er sie eine Weile im Mund, um sie nach dem Kirchgang im Reichswald in einen hohlen Baum zu spucken. Erschrocken über sich und seine sündhafte Tat, eilte er in die Kirche zurück, um den Pfarrer zu holen. Der versuchte vergeblich, die Hostie zu bergen. Sie rutschte immer tiefer in den Baum hinunter und schien für immer entweiht. Allerdings ahnte der Pfarrer sofort, dass allein das Verschwinden der Hostie ein Zeichen sein könnte, ein Wink Gottes gewissermaßen, ein Rätsel und eine Offenbarung. Als der Baum 28 Jahre später gefällt wurde, fiel anstelle der Hostie tatsächlich ein gewachsenes Kruzifix heraus, und »es wurde weder Messer noch Eisen verwendet, es zu schneiden«, so eine Zeugenaussage.

Der Bischof von Utrecht erteilte umgehend Ablass-Privilegien, was die erfreuten Pilger, die sich nach Kranenburg aufmachten, ermächtigte, 40 Tage von ihrer Bußzeit auf Erden oder wahlweise von der im Fegefeuer abzuziehen. Zweifellos auch heute noch ein Anreiz, nach Kranenburg zu kommen.

Adresse Kirchplatz 1, 47559 Kranenburg, Tel. 02826/226 (Pfarrbüro), www.kirche-kranenburg.de | ÖPNV Bus 55, 58 und BKr, Haltestelle Kranenburg Mitte | Anfahrt A 57, Ausfahrt Kleve, auf der B 9 Richtung Kleve, links auf der Asperdener Straße (B 504) bis Kranenburg, links auf der Klever Straße ins Zentrum, Fußweg zur Kirche | Öffnungszeiten täglich 8.15–18 Uhr | Tipp Vor der Kirche errichtete der Künstler Bert Gerresheim das bronzene Mahnmal eines Kalvarienberges mit Kreuzigung und Kartentisch, auf dem 35 Soldatenfriedhöfe am Niederrhein verzeichnet sind. Es wurde am 8. Mai 1995 eingeweiht.

65 Die Burg Linn

Alte Schönheit

Sie muss eine ungewöhnlich schöne Ruine gewesen sein. Der Kölner Erzbischof und Kurfürst Clemens August ließ 1740 vor dieser Kulisse vergangener Ritterlichkeit das alte, in der Vorburg erhaltene Brau- und Backhaus zu einem Jagdschloss umbauen. 1806 gelang es einem der reichsten Tuchfabrikanten Krefelds, Isaak de Greiff, das Jagdschloss und die Ruine zu erwerben und so vor lokalen Plünderungen zu retten: »Die Ruine der alten Burg ist ein würdiges Objekt, um für die Künste erhalten zu werden. Sie ist die Zierde der Gegend und wird unfehlbar zusammenstürzen, wenn sie noch länger unter der Herrschaft der augenblicklichen Pächterin bleibt, die sich herausnimmt, dort Ziegelsteine zu entnehmen.« Seine Söhne beauftragten den Düsseldorfer Gartendirektor Maximilian Weyhe mit der Umgestaltung der Parkanlagen, die erst in den letzten Jahren weitgehend rekonstruiert wurden.

Das elegante Jagdschloss zeigt als ehemaliges Wohnhaus der Familie de Greiff heute sehr schöne Exponate einer längst vergangenen bürgerlichen Wohnkultur. Die Idee, in der Burg ein Museum einzurichten, stammt bereits aus den 1920er Jahren, als die Stadt die gesamte Anlage mit allen dazugehörigen Wirtschaftsgebäuden vom letzten Erben der de Greiffs kaufte. Die eher puristisch ausgestattete Burg vermittelt den Eindruck einer arrangierten und überlegten Authentizität. Nur selten und manchmal im Abseits von Nischen und Erkern findet man verstaubte Arrangements aus Hellebarden, Rüstungen, Kanonen und Lanzen.

Das zur Burg gehörende Archäologische Museum zeigt und dokumentiert die einzigartigen Funde des großen Gräberfeldes in Krefeld-Gellep. Mehr als 6.000 Gräber aus römischer und fränkischer Zeit wurden in dieser größten europäischen Nekropole freigelegt, und das Museum bemüht sich, zumindest eine Ahnung dieser ungewöhnlichen und wertvollen Fundstätte zu vermitteln.

Adresse Rheinbabenstraße 85, 47809 Krefeld, Tel. 02151/155390, www.museumburglinn.de | ÖPNV SB 044, Haltestelle Burg Linn; Bus 059, Haltestelle Auf dem Bollwerk | Anfahrt A 57, Ausfahrt Krefeld-Oppum, Richtung Zentrum, rechts auf die Hauptstraße und wieder rechts auf die Heinrich-Malina-Straße Richtung Linn, rechts zum Ortskern, Fußweg zu Burg und Museum | Öffnungszeiten 1. April–31. Okt. Di–So 10–18 Uhr, 1. Nov.–31. März Di–So 11–17 Uhr | Tipp Das Textilmuseum Linn am Andreasmarkt besitzt über 25.000 historische Objekte, die in wechselnden Ausstellungen präsentiert werden.

66 Die Galopprennbahn

Historische Kulissen

Auch wenn der Galopprennsport in Deutschland seit einigen Jahren tief in der Krise steckt – ein nur schlecht zu erklärendes Phänomen, denn weltweit prosperiert der Rennsport – und die Konkursverwalter zuweilen fast so schnell wie Englische Vollblüter sein müssen, war es völlig richtig, die Krefelder Rennbahn 1987 in die Denkmalliste aufzunehmen. Denn diese noch in vielen Details authentische und mit alten Gebäuden beglückte Bahn ist ausnehmend schön, großzügig angelegt und lässt kaum vermuten, dass auch der Krefelder Rennverein 1911 e.V. im Dezember 1997 pleite war. Allerdings wurde umgehend der neue Krefelder Rennclub 1997 e.V. gegründet. Und seitdem scheint es wieder im gestreckten Galopp voranzugehen.

Der Turfsport war in seinen Anfängen *das* Freizeitvergnügen der bürgerlichen Oberschicht, des Adels und des Militärs, deren Interesse es auch war, in Vergleichsrennen die Qualität der Pferde und Zuchttiere festzustellen. Populär wurde der nach dem englischen Wort für Rasen benannte Sport, als auch für Nichtreiter die Möglichkeit bestand, durch Wetten dem eigenen Leben zumindest eine gewisse nachmittägliche Geschwindigkeit zu geben – wenn sie auf Platz oder Sieg erfolgreich waren.

Treibende Kraft und Erster Vorsitzender des Rennvereins war der Krefelder Textilfabrikant Rudolf Oetker, an den eine Bronzestatue im Absattelring erinnert. Oetker organisierte auch die nötigen Gelder und animierte Investoren, an die glänzende und rentable Zukunft des Krefelder Galopps zu glauben. Bis zum ersten Renntag im Juni 1913 wurden 1,1 Millionen Reichsmark in das Gelände investiert – männliche Lohnbeschäftigte in der Textilindustrie verdienten 1913 etwa 100 Reichsmark im Monat. Das Geläuf – immer den Finger reinstecken, bevor man wettet! –, die Hindernisbahn in Form einer klassischen Acht sowie die ersten Gebäude sind bis heute unverändert im Original erhalten.

Adresse An der Rennbahn 5, 47800 Krefeld, Tel. 02151/58990 (Sekretariat des Krefelder Rennclubs), www.krefelder-rennclub.de | ÖPNV Bus 058, Haltestelle Zwingenbergstraße | Anfahrt A 57, Ausfahrt Krefeld-Gartenstadt, auf dem Europaring (B 509) Richtung Zentrum, links abbiegen in An der Rennbahn | Öffnungszeiten variieren entsprechend der Rennveranstaltungen | Tipp Sehenswert, einzigartig in seinem historischen Bestand und fußläufig nah ist die unter Denkmalschutz stehende, nostalgische Hubert-Houben-Kampfbahn, im Appellweg 3 im Stadtteil Kliedbruch, westlich des Stadtwaldes.

67 Die Häuser Esters und Lange

Die Vision der Zukunft

Ungefähr zur selben Zeit als Ludwig Mies van der Rohe für die Weltausstellung 1929 den berühmtesten Sessel der Design-Geschichte entwarf, den noch heute produzierten Barcelona-Chair, baute er auch die beiden Häuser Esters und Lange. Das Kaiserreich mit seinem ornamentalen Zier- und Blendwerk lag erst zehn Jahre zurück, und Mies van der Rohe zog mit zwei lichtdurchfluteten Villen, die man sich schmuckloser und reduzierter nicht vorstellen konnte, einen stahlharten Schlussstrich unter die jüngste Vergangenheit.

In der Krefelder Villenkolonie, die von unverhältnismäßiger Gründerzeit-Opulenz dominiert wurde, nahmen sich beide Häuser aus wie zwei geziegelte Zweckbauten, die ebenso gut das knappe Entree eines Arbeiterfreibads hätten sein können. Die Häuser machten, wie man damals sagte, Sensation und Skandal, und Mies van der Rohe wurde umgehend als Direktor des Bauhauses in Dessau inthronisiert. »Bauhaus« war und ist auch heute noch der Inbegriff abstrakter, funktionaler Schönheit, ein nie endender Zukunftsentwurf, eine stapelbare Prestigeangelegenheit und nach wie vor der heiligste Bezirk des europäischen Designs.

Der Sohn des Bauherrn schenkte das Haus Lange 1968 der Stadt Krefeld mit der Auflage, dort 99 Jahre lang Ausstellungen moderner Kunst zu zeigen. Acht Jahre später erwarb die Stadt das benachbarte Haus Esters. Seitdem tanzen die beiden Häuser untrennbar den Pas de deux für hochkarätige Kunst. Architektur- und Bauhaus-Besessene sehen gerade darin gelegentlich ein Sakrileg, denn Mies van der Rohe entwarf schließlich Wohnhäuser und keine Ausstellungsgebäude. Zwischen den Ausstellungen, wenn die Häuser leer geräumt sind, wird die nackte Schönheit, die wie alle echte Schönheit von innen kommt, erläutert und auch nach 80 Jahren noch bejubelt.

Adresse Wilhelmshofallee 91–97, 47800 Krefeld, Tel. 02151/975580, www.kunstmuseenkrefeld.de | **ÖPNV** Bus 054, Haltestelle Haus Lange; Bus 058, Haltestelle Wilhelmshofallee | **Anfahrt** A 57, Ausfahrt Krefeld-Gartenstadt, auf dem Europaring Richtung Zentrum, links auf die Hüttenallee und weiter bis zur Wilhelmshofallee, der Beschilderung folgen | **Öffnungszeiten** Di–So 11–17 Uhr (nur bei Ausstellungen) | **Tipp** Mehr Mies van der Rohe gibt es auf dem Gelände der Verseidag am Girmesgath 5 zu sehen, wo die von den damaligen Direktoren Esters und Lange 1930 in Auftrag gegebenen Webereigebäude stehen.

68 Der »Jazzkeller«

A Love Supreme

In den Anfängen mussten die Krefelder Kellerkinder – die allerdings bereits Studenten waren – erklären, warum sie Jazz hörten und spielten. Im braun durchsprenkelten Nachkriegsdeutschland galt Jazz noch als »entartet«, und der nach wie vor enthemmte Alltagsrassist benannte Jazz so, wie es Reichspropagandaminister Joseph Goebbels einige Jahre zuvor abwertend getan hatte: als »Negermusik«. Jazz galt als unkultiviert und unmusikalisch und, was die Sache noch verschlimmerte, als intellektuell. Es gehörte also schon etwas Mut dazu, ein Jazzlokal zu eröffnen. Vorsichtshalber wurde es in der Öffentlichkeit mit einem publizistischen Warnschild versehen und »Studentenkeller« genannt, was Nicht-Studenten vom Besuch abhalten sollte.

Seit seiner Eröffnung 1958 – ein Vorläufer, der sogenannte Urkeller, wurde bereits 1955 der Öffentlichkeit vorgestellt – sorgte der Keller für Skandale. Seit seiner Eröffnung zog er nämlich die damaligen und späteren Größen der entstehenden westdeutschen Jazzszene an. Rückblickend fällt es schwer zu glauben, dass in diesen kleinen Räumen, deren schlichte Akustik ergreifend, aber nicht inspirierend ist, so ziemlich alle auftraten, die den Weg zu den Jazz-Sternen wiesen: Gunter Hampel, Klaus Doldinger, Manfred Schoof, Jaki Liebezeit und Albert Mangelsdorff, als internationale Gäste etwa Jasper van't Hof, George Maycock, Chet Baker, Johnny Griffin und Dave Holland. Noch inkognito und ganz unbekannt trommelte Udo Lindenberg, und auch Helge Schneider jazzte sich hier ambitioniert durch den Abend.

Damals wusste natürlich niemand, wie großartig diese Zeiten tatsächlich waren. Heute sind sie schöne Erinnerungen. Aber der Keller lebt und beschwört mit Funk Jazz und Jamsessions die alten Hausgeister herauf. Wer die Stufen in den Keller hinabsteigt, steigt auch zu sich selbst hinunter. Es ist eben wie damals. Wann immer das war. Wann immer es sein wird.

Adresse Lohstraße 92, 47798 Krefeld, Tel. 0162/2013145, www.jazzkeller.info | **ÖPNV** Bus 054, 058, 060, 061, 076, 077, 079, 927, Straßenbahn 041, 042, 043, 044, U 76, Haltestelle Rheinstraße | **Anfahrt** A 44, Ausfahrt Krefeld-Fichtenhain, über die B 9 Richtung Zentrum, über die Sankt-Anton-Straße Richtung Rheinstraße/Lohstraße | **Öffnungszeiten** Do–Di ab 20 Uhr, Einlass ab 19 Uhr, genaue Zeiten je nach Veranstaltung | **Tipp** Der »Jazzklub Krefeld« veranstaltet auch Konzerte im Glasfoyer am Theaterplatz und in der Burg Linn.

69 Die Pax-Christi-Kirche

Die Kunst trägt das Kreuz

Der Christ der Zukunft wird ein Mystiker sein, oder er wird nicht mehr sein. So zumindest mutmaßte der einflussreiche katholische Theologe Karl Rahner, der in seinen Werken eine Synthese aus traditionellem Christentum und modernem Denken anstrebte. Vielleicht wird der Christ der Zukunft aber auch ein Kunstliebhaber sein. Möglicherweise war er es schon immer. Die alten Kirchen sind auch heute noch voller wunderbarer Kunstwerke, und Christen haben diese durch die Jahrhunderte hindurch immer wieder gegen Bilderstürmer verteidigt und sie nicht leichtfertig preisgegeben.

Der Autonomieanspruch moderner Kunst im 20. Jahrhundert ließ sich nicht mit den Dogmen der Kirche vereinen, und es war nur konsequent, dass Künstler und Kleriker getrennte Wege gingen. Die Kirchen mussten sich fortan mit bemühtem Kunsthandwerk zufriedengeben, eine kirchengeschichtliche und ästhetische Tragödie. Viele Künstler, angefangen mit den Dadaisten und Surrealisten, ahnten allerdings, dass sie durchaus an die Stelle der Priester treten konnten, denn auch das aufgeklärte Publikum hat eine Neigung, Gemeinde zu sein. Joseph Beuys verband ein selbst entworfenes Schamanentum mit dem christlichen und künstlerischen Erlösungsbedürfnis. Und so ist es nicht verwunderlich, dass in der Pax-Christi-Kirche Beuys und einige seiner herausragenden Schüler wie Walter Dahn, Felix Droese und Johannes Stüttgen vertreten sind, entweder mit Werken oder mit Kunstvorträgen, die durchaus wie Predigten anmuten.

Die Pax-Christi-Kirche wurde 1979 geweiht und ist ausschließlich mit Arbeiten zeitgenössischer Künstler ausgestattet. Etwa 30 Werke stehen im Kirchenraum, in der Taufkapelle und in dem kleinen Park, der das wie eine Begegnungsstätte aussehende Gebäude umgibt. Vier der Werke wurden eigens für die Kirche geschaffen, unter anderem der massiv geerdete Altar von Ulrich Rückriem und das Weihwasserbecken von Klaus Rinke.

Adresse Glockenspitz 265, 47809 Krefeld, Tel. 02151/55850 (Gemeindebüro), www.pax-christi-krefeld.de | ÖPNV Straßenbahn 044, Bus 047, Haltestelle Glockenspitz | Anfahrt A 57, Ausfahrt Krefeld-Zentrum, auf die B 57, links auf die Vadersstraße und nächste links auf Glockenspitz | Öffnungszeiten Führungen nach Absprache mit dem Gemeindebüro; Gottesdienste So 11 Uhr, jeden 2. und letzten Mi im Monat 17 Uhr | Tipp Der unweit des Glockenspitz liegende Schönwasserpark wurde Ende der 1920er Jahre als erste Volksparkanlage Krefelds ausgebaut und grenzt an den Botanischen Garten, der in Themengärten rund 5.000 Pflanzen aus aller Welt versammelt.

70 Der Beuys-Moai

Ins Boot geholt

Professor Joseph Beuys (1921–1986) und sein Schüler Karl-Heinz Herzfeld (1931–2019), genannt Anatol, hatten zumindest eines gemeinsam: Sie sahen beide aus wie echte Künstler und waren deshalb als solche stets erkennbar.

Am 20. Oktober 1973 holte Anatol seinen Lehrer mit dem Einbaum »Das Blaue Wunder« in Oberkassel ab und paddelte ihn über den Rhein. »Die Heimholung des Joseph Beuys« hieß die Zeremonie. Da sie ordentlich angemeldet war – im bürgerlichen Leben blieb Anatol bis zu seiner Pensionierung Verkehrspolizist –, wurde die Überfahrt von Tauchern und den Rettungsbooten der DLRG begleitet, was der Sache etwas durchaus Profanes gab. Beuys, der wie ein Schamane ummantelt im Boot saß, sollte zurück in die Akademie gebracht werden. An seiner legendären Wirkungsstätte hatte Professor Beuys nämlich vorübergehend Hausverbot.

Der zwölf Tonnen schwere Kopf soll an die damalige Aktion erinnern. Anatol hätte ihn natürlich gern am Schauplatz der guten Tat gesehen, an der Stelle, wo sie alle ins Boot gestiegen waren, auf den Oberkasseler Rheinwiesen, der Altstadt direkt gegenüber. Aber die Stadt wollte nicht. Ihr war der Kopf einfach nicht gut genug. Wer das Sammelsurium öffentlicher Düsseldorfer Plastiken kennt, wundert sich. Anatol Herzfeld leuchtete das nicht ein, und er setzte sein Meisterwerk mitten in den Acker bei Mönchenwerth, auf die Stadtgrenze zwischen Düsseldorf und Büderich. Der von den Moai – so heißen die Steinstatuen auf der Osterinsel in Polynesien – inspirierte Kopf blickt nach Südosten, Richtung Akademie, also dorthin, wo Joseph Beuys arbeitete, für Aufruhr sorgte, die Kunst der Gegenwart und viele seiner Schüler nachhaltig beeinflusste.

Der Kopf ist natürlich kein klassisches Porträt von Joseph Beuys. Im wirklichen Leben sah er nämlich ganz anders aus. Aber er zeigt durchaus die innere Wirkung, die er auf seinen Schüler Anatol hatte.

Adresse Am Rheindeich (Stadtgrenze Düsseldorf, am Ende der Niederlöricker Straße flussaufwärts), 40667 Meerbusch | ÖPNV Bus 833, SB 51, Haltestelle Hubert-Hermes-Straße | Anfahrt B 7, Abzweig Seestern/Lörick, über die Lütticher Straße geradeaus in die Niederlöricker Straße, dem Hinweisschild »Landhaus Mönchenwerth« folgen, vom dortigen Parkplatz etwa 150 Meter Fußweg flussaufwärts | Tipp Das in der Nähe liegende »Landhaus Mönchenwerth« hat eine sehr ambitionierte Küche und einen sehr schönen Gastgarten.

71 Das Hüsch-Grab

Sach ma nix!

Dem Niederrhein fehlen die Dichter. Eine alles in allem unliterarische Gegend. Heinrich Heine wurde zwar in Düsseldorf geboren, schrieb aber in Paris. Albert Vigoleis Thelen, der große Unbekannte der deutschen Literatur, der alle Jahrzehnte wiederentdeckt wird, um dann umso nachhaltiger vergessen zu werden, kam in Süchteln zur Welt und starb in Dülken, begann und beendete sein Leben also am Niederrhein, aber in der langen Zeit dazwischen flüchtete und reiste er durch Europa, war in Portugal und Mallorca zu Hause und befand abschließend grimmig, dass er immer seine eigene Heimat gewesen sei. Das vielleicht bedeutendste literarische Ereignis hatte schon 1174 auf der Schwanenburg in Kleve stattgefunden, als dem Minnesänger Heinrich von Veldeke sein dort verfasstes und 10.000 Verse zählendes Manuskript »Eneit« gestohlen wurde, ein frühes Meisterwerk der deutschen Literatur, vielleicht sogar das erste überhaupt, das er Jahre später zufällig auf einer Burg an der Unstrut wiederentdeckte.

Auch Hanns Dieter Hüsch war kein Dichter, aber er hat gelegentlich versucht, einer zu sein. Er begann als linker Liedermacher, stieß aber schnell an die stacheldrahtkratzigen Grenzen der frühen Genossen, die Hüschs Neigung, den kleinen Leuten eher mit Kaffee und Kuchen als mit kämpferischen Parolen zu kommen, als kleinbürgerlich verachteten. Hüsch machte aus dieser Kleinbürger-Zuneigung ein unverwechselbares Programm, das zahlreiche Bücher und Langspielplatten sowie sehr viel Radio und Kabarett umfasste, und seine Stimme war die einzig pointierte dieser Landschaft (nördlich von Köln): Überall ist Niederrhein!

Hüsch bekam ein Ehrengrab der Stadt Moers. Hinter großen Hecken liegt es etwas im Verborgenen, kein Pfeil weist den Weg. Man muss sich, wenn man den Friedhof betritt, immer links halten. Ein Umstand, der dem niederrheinisch doppeldeutigen Hüsch bestimmt gefallen hätte.

Adresse Geldernsche Straße 79 (Hauptfriedhof), 47441 Moers-Hülsdonk | **ÖPNV** Bus 4 (über Moers Bhf.), Haltestelle Hülsdonk Hauptfriedhof | **Anfahrt** A 57, Ausfahrt Moers-Hülsdonk, Geldernsche Straße Richtung Hülsdonk, bei der Sandtorstraße rechts abbiegen, bei Geldernsche Straße wieder rechts | **Öffnungszeiten** stets zugänglich | **Tipp** Eine der schönsten Gartenanlagen am Niederrhein ist der 1836 von Maximilian Weyhe angelegte Schlosspark in Moers mit altem und teils exotischem Baumbestand aus der Entstehungszeit.

72 Das Haus u r

Bedrücktes Wohnen

Das berühmteste Haus der Filmgeschichte ist zweifellos das von Norman Bates in Alfred Hitchcocks »Psycho«. Eigentlich ist es das Haus von Bates' Mutter, aber die ist bereits tot und sitzt schon seit Jahren mumifiziert in ihrem Schaukelstuhl. Norman mordet – in den Kleidern seiner Mutter – mit Vorliebe duschende Frauen, die in seinem Motel nebenan abgestiegen sind. Manchmal sieht man im Mondgegenlicht das Wohnhaus der Bates und ahnt, dass dort das tiefenpsychologische Geheimnis verborgen sein muss, das für einen kurzen Moment, für die Dauer eines Blitzes, hinter den Vorhängen undeutlich aufscheint.

Daran mag man sich erinnern, wenn man vor dem »Haus u r« steht (u r wird getrennt gesprochen, es sind die Kürzel für Unterheydener Straße Rheydt). Der 1969 geborene Künstler Gregor Schneider mietete das Haus von seinem Vater und begann 1985, es zu verändern. Schneider baute in die vorhandenen Räume neue hinein, die den ursprünglichen exakt entsprachen. Er imitierte Zimmer, die zwangsläufig das Original verkleinern und beengen mussten. Es entstand eine Art klaustrophobischer Wohninnenhaut, deren beklemmende Wirkung noch dadurch gesteigert wurde, dass Schneider das Tageslicht durch Lampen simulieren ließ und versteckte Motoren Decken und Räume fast unmerklich bewegten. 2001 baute er die Räume von Haus u r in den deutschen Pavillon der Biennale in Venedig und erhielt für diese künstlerische, logistische – 150 Tonnen Material wurden mit dem Schiff nach Venedig gebracht – und kunstpsychologische Leistung den Goldenen Löwen.

Eine Zeit lang konnte das Haus u r, dessen Räume heute auf verschiedene Museen verteilt sind, besichtigt werden, wenn zuvor eine Haftausschlussversicherung unterschrieben worden war. Schneider filmte einige Besucher, um deren Reaktion zu dokumentieren. Ob er das von einem Schaukelstuhl aus tat, ist nicht überliefert.

Adresse Unterheydener Straße 12, 41236 Mönchengladbach-Rheydt | ÖPNV Bus 024 und 097, Haltestelle NVV | Anfahrt A 61, Ausfahrt Mönchengladbach-Wickrath, auf der L 277 Richtung Mönchengladbach, bei der Berliner Straße rechts abbiegen, dann wieder rechts auf den Stapperweg, links auf die Oberheydener Straße und weiter auf die Unterheydener Straße | Öffnungszeiten nur von außen zu besichtigen | Tipp Ein anderes von Gregor Schneider gestaltetes Haus befindet sich in der Odenkirchener Straße 202: das Geburtshaus des ehemaligen Propagandaministers Joseph Göbbels.

73 Das Museum Abteiberg

C wie Caesar, H wie Hans

Ist es Licht, oder ist es Schatten? Bürde oder Verpflichtung? Noch heute, nach mehr als 30 Jahren, weht durch das Museum der ehemals stürmische Geist von Johannes Cladders (1924–2009).

Cladders, der sich als Künstler selbstironisch »C wie Caesar« nannte, war von 1967 bis 1985 Direktor des Städtischen Museums, das bis 1982 an der Bismarckstraße untergebracht war. Bereits im ersten Jahr präsentierte er mit der Ausstellung »BEUYS« *den* Bürgerschreck schlechthin: Joseph Beuys, der mit Filz, Fett und pflasterverklebten Badewannen seinen Mitbürgern als Kulturuntergangsbote das Leben schwer machte, unfassbar, provokant und im besten Fall nur noch verrückt. Mit dieser Ausstellung, die zudem Beuys' erste große Einzelausstellung war, fiel Cladders mit der Tür direkt ins Haus, was manche Sammler zeitgenössischer Kunst so begeisterte, dass sie sich unmittelbar auf Cladders' Schoß setzten.

Das Museum Abteiberg profitiert noch heute von Cladders' Kunstenthusiasmus und seinem Geschick, Kunstwerke nach Mönchengladbach geholt zu haben, die die Stadt nie hätte bezahlen können und vermutlich auch nicht hätte bezahlen wollen. Die Sammlung Marx, mit Beuys' berühmter Haltestelle »Eiserner Mann«, ist mittlerweile nach Berlin gegangen, aber die Sammlung Etzold mit mehr als 500 Werken – unter anderem Zero, Fontana, Informel – und die Pop-Art-Sammlung Onnasch sind geblieben. 1982 wurde, fast so sensationell wie die frühe Beuys-Ausstellung, der Museumsneubau des Wiener Architekten Hans Hollein der Öffentlichkeit vorgestellt. Der Bau passte in dieser Zeit kongenial zu den Exponaten. Später mit renommierten Architekturpreisen ausgezeichnet, hatte Hollein die Museumsräume den Werken entsprechend geöffnet, sodass sich für die Besucher neue kommunikative Achsen der Kunstbetrachtung ergaben. Das Museum ist eines der bekanntesten Beispiele der architektonischen Postmoderne in Deutschland.

Adresse Abteistraße 27, Mönchengladbach, Tel. 02161/252637, www.museum-abteiberg.de | ÖPNV DB, Haltestelle Mönchengladbach Hbf.; Bus 003, 008, 009, 013, 023, Haltestelle Abteiberg | Anfahrt A 61, Ausfahrt MG-Nordpark oder MG-Holt in Richtung MG-Zentrum, dann der Beschilderung folgen; alternativ A 52, Ausfahrt MG-Nord/Viersen, Richtung MG-Zentrum, dann der Beschilderung folgen | Öffnungszeiten Di–Fr 11–17 Uhr, Sa, So 11–18 Uhr, jeden 3. Do im Monat 11–22 Uhr | Tipp »St. Vith« am Alten Markt 16 ist eines der ältesten und zumindest äußerlich original erhaltenen Gasthäuser am Niederrhein. Es geht auf das Jahr 1586 zurück.

74 Das Schloss Rheydt

Im Licht des Südens

»Wenn das Wort Renaissance ertönt, sieht der Träumer vergangener Schönheit Purpur und Gold.« Was der niederländische Kunstwissenschaftler Johan Huizinga assoziativ vermutete, mag man tatsächlich empfinden, wenn man durch die dunkle Einfahrt der Vorburg getreten ist und im Licht des Sommers vor der strahlenden Fassade des Herrenhauses steht. Auf der Turnierwiese schlagen Pfauen ihr Rad, ein aufwendiges und prachtvolles, irgendwie übertrieben wirkendes Zeremoniell für das andere Geschlecht, aber durchaus passend zu »Weltenlust und Lebensglück«, die die Renaissance und der sie bestimmende Humanismus anstrebten.

Man befindet sich vor dem einzigen erhaltenen Renaissanceschloss am Niederrhein. Errichtet wurde es vermutlich von Maximilian und Johann Pasqualini, deren Vater Alessandro bereits als Baumeister in den Diensten des Herzogs von Jülich-Kleve-Berg, Wilhelm V., genannt der Reiche, stand. Die Pasqualinis waren seit der Mitte des 16. Jahrhunderts an vielen Großprojekten am Niederrhein beteiligt. Auftraggeber für das Schloss war der noch heute in Rheydt geehrte Otto von Bylandt. Geboren zwischen 1525 und 1530, ließ er es bis zu seinem Tod 1591 zu einer respektablen Befestigung ausbauen, vermutlich auch deshalb, weil er in einer gewissen Konkurrenz zu seinem Lehnsherrn Wilhelm V. stand und eine starke Affinität zu den Habsburgern hatte, die verlässliche Verbündete am Niederrhein suchten.

Die Befestigungsanlagen wurden in der Mitte des 17. Jahrhunderts durch hessische Truppen zerstört. Während des Zweiten Weltkriegs wurde das Schloss von Reichspropagandaminister Joseph Goebbels als Gästehaus benutzt und war die höfische Kulisse für die Rad schlagenden Inszenierungen der sogenannten Goldfasane der Nationalsozialisten. Das 1994 komplett restaurierte und modernisierte Museum möchte trotz seiner etwas desperaten Sammlungen als museales Gesamtensemble der Renaissance gesehen werden.

Adresse Schlossstraße 508, Mönchengladbach-Rheydt, Tel. 02166/9289016, www.schlossrheydt.de | ÖPNV Bus 16, Haltestelle Schloss Rheydt | Anfahrt A 52, Ausfahrt Schiefbahn, Richtung Korschenbroich, dem Straßenverlauf Richtung MG-Rheydt bis zum Schloss Rheydt folgen; alternativ A 61, Ausfahrt MG-Rheydt, über Dahlener Straße Richtung Rheydt bis Stadtmitte, links auf die Wilhelm-Schiffer-Straße (Rheydter Ring) und halb rechts auf die Friedrich-Ebert-Straße, bei Breite Straße rechts zum Schloss | Öffnungszeiten Di–Fr 11–17 Uhr, Sa, So 11–18 Uhr | Tipp Den Rundweg um Schloss Rheydt kann man durch einen ausgedehnten Spaziergang im Naturschutzgebiet Volksgarten-Bungtwald erweitern.

75 Die Krickenbecker Seen

Wie in Finnland

Der Name klingt, als gehörten sie schon ewig zur Landschaft und wären bereits in Georg Forsters zwischen 1791 und 1794 erschienenen »Ansichten vom Niederrhein« einer Betrachtung wert gewesen. Forster, der sich für die Entwicklung der Erdschichten und der Menschheit gleichermaßen interessierte – was ihm 1794 zum Verhängnis wurde, als ihn die Jakobiner in Paris aufs Schafott schickten –, wäre von den tektonischen Vorgängen um die späteren Krickenbecker Seen sicher begeistert gewesen.

Die Verschiebungen der sogenannten Venloer Scholle und die damit verbundene Absenkung der Süchtelner Höhen bewirkten, dass der sich nach Osten verlagernde Ur-Rhein die Grundwasserbedingungen in diesem Gebiet nachhaltig veränderte. Ein Prozess, der alles in allem schon vor 30 Millionen Jahren begann, aber Anfang des Holozäns nochmals eine interessante Wende erfuhr, als Niedermoore entstanden und mit ihnen im Lauf von etwa 7.000 Jahren eine dicke Schicht Waldtorf. Spätestens seit dem 15. Jahrhundert wurde sie abgestochen und als Brennmaterial verwendet. Aus der Bruchlandschaft wurde so allmählich eine ausgedehnte Seenlandschaft, die um 1800 ihre größte Ausdehnung erreichte und dann beständig verlandete.

Die vier Seen – Poelvenn- und Schroliksee, Glabbacher und Hinsbecker Bruch – bedecken heute noch eine Fläche von etwas mehr als 100 Hektar, was für Naturfreunde ebenso reizvoll ist wie für die vielen Vogelarten, die an den Ufern und in den Bruchwäldern für konzertante Beschallung sorgen. Graureiher und Haubentaucher bilden mittlerweile die größten Brutkolonien in Nordrhein-Westfalen. Was Tierschützer und Ornithologen aber besonders kümmert, ist das Verschwinden sehr seltener Arten wie Wespenbussard, Baumfalke, Wasserralle und Sumpfrohrsänger. Man gibt sich alle Mühe, sie an den Seen zu halten und vor der etwa eine Million Menschen zu schützen, die jährlich um ihre Ufer läuft.

Adresse Poelvennsee, Strandhotel Poelvennsee/Plankenheide, Hinsbecker Bruch, Krickenbecker Allee und Schlossallee, 41334 Nettetal | **ÖPNV** Bus 095, Haltestelle Heronger Straße, von dort etwa 2,5 Kilometer zu Fuß | **Anfahrt** A 61, Ausfahrt Kaldenkirchen, B 221 Richtung Leuth, rechts auf Hinsbecker Straße (B 509), links auf Krickenbecker Allee; zum Poelvennsee weiter auf der B 221 und rechts auf die Straße Poelvenn | **Tipp** Das über 100 Jahre alte »Forsthaus Hombergen« an der Krickenbecker Allee hat eine gute saisonale Küche, einen schönen Biergarten und ist die ideale Station auf Wanderungen und Touren zum Hinsbecker Bruch.

76 Die Insel Hombroich

Das schönste Kunstmuseum der Welt

Der Immobilienmakler Karl-Heinrich Müller hatte nicht nur die Mittel, die nötig sind, um eine erstklassige Kunstsammlung aufzubauen. Er hatte auch jene intuitive Geschmackssicherheit, ohne die Sammlungen immer bemüht wirken und allenfalls dem aktuellen Zeitgeschmack verpflichtet sind.

Es mag sein, dass Müller schon früh von der Idee beseelt war, seine verschiedenen Sammlungen irgendwann zu einem einzigen ästhetischen Vergnügen zusammenzufassen. Anfang der 1980er Jahre und 20 Jahre vor seinem Tod – Müller starb 71-jährig im November 2007 – kaufte er das 25 Hektar große Gelände an der Erft. Gemeinsam mit dem Bildhauer Erwin Heerich und dem Landschaftsarchitekten Bernhard Korte erdachte er eine am Niederrhein einzigartige Museumslandschaft. Inmitten von ehemals sumpfigen Wiesen und wild bewachsenen Hängen stehen puristische Ausstellungspavillons, die selbst als begehbare Skulpturen verstanden werden können.

Wer Lust hat, sich auf die Idee des mit Müller befreundeten Malers Gotthard Graubner einzulassen, die Werke weder namentlich zu kennzeichnen noch chronologisch zu ordnen, kann ganz der Poesie der ausgestellten Arbeiten folgen und die komplette Anlage als ein in sich stimmiges Gesamtkunstwerk begreifen. Und so findet man beispielsweise wunderbare Aquarelle von Paul Cézanne, Radierungen von Rembrandt, Assemblagen von Kurt Schwitters, Plastiken von Hans Arp und Mobiles von Alexander Calder neben Kunst und Kultgegenständen aus Südamerika oder Asien.

Spazierwege verbinden die Pavillons. Der erste, der sogenannte »Turm«, ist leer und ganz auf Heerichs Raumidee konzentriert. In einem anderen, dem »Rosa Haus«, einem Lesepavillon, kann man – unterstützt durch Bücher zur Ästhetik und mit Blick in das weite Gelände – über die vielen wunderbaren Möglichkeiten nachdenken, die einem durch Kunst und ihre Sammler eröffnet werden.

Adresse Minkel 2, 41472 Neuss, Tel. 02182/8874000, www.inselhombroich.de | ÖPNV Bus 869, 877, Haltestelle Museum Insel Hombroich | Anfahrt A 57, Ausfahrt Neuss-Reuschenberg; alternativ A 46, Ausfahrt Grevenbroich-Kapellen, den Schildern »Museum Insel Hombroich« folgen | Öffnungszeiten April–Sept. täglich 10–19 Uhr, Okt.–März täglich 10–17 Uhr | Tipp Im Ort Kapellen nahe Hombroich steht das historische Restaurant »Zu den drei Königen«, das vor 300 Jahren Poststation der Route Aachen–Königsberg war und heute in Einrichtung und Küche bürgerliche Traditionen pflegt.

77 Das Quirinus-Münster

Der Marschall hilft immer

Es ist ein bizarres Bauwerk. Fünf Baumeister, nimmt man an, haben an ihm gearbeitet und das Quirinus-Münster, das an der Westfassade besonders beeindruckend ist, virtuos in die Höhe getrieben. Die romanischen Anfänge der erst nachträglich vertieften Krypta stehen noch auf römischen und fränkischen Gräberfeldern. Vielfach verändert, entstand ein voluminöser spätgotischer Kirchenbau, der nach einem großen Brand 1741 ein barockes Dach bekam. Von Osten sieht er heute eher aus wie eine neugotische Domkirche des 19. Jahrhunderts, während die steile Westseite ein rasant gestaffelter Mix aus romanischen und gotischen Stilelementen ist.

Vielleicht war es der römischen Legionärsvergangenheit der Stadt Neuss geschuldet, dass Papst Leo IX. die Reliquien des heiligen Quirinus seiner Schwester Gepa schenkte, die Äbtissin des Neusser Frauenstiftes war. Quirinus wird als einer der vier heiligen Marschälle verehrt, die bei Krankheiten und Seuchen angerufen wurden, wenn die 14 Nothelfer mit ihrem Latein am Ende waren. Im richtigen Leben war Quirinus ein römischer Offizier, vielleicht ein derber und mutiger Bursche, der den sechsten Bischof von Rom, Alexander I., in seinem Kerker bewachen musste. Es ist anzunehmen, dass die beiden im Gefängnis über Gott und die Welt sprachen. Der heilige Alexander kam seiner christlichen Pflicht nach und bekehrte den Heiden. Alexander taufte auch die Tochter des Quirinus, Balbina, die der Legende nach, als sie die Ketten des Bischofs berührte, von einem üblen Halsleiden geheilt wurde. Vater und Tochter, beide heiliggesprochen, starben unter dem Christenverfolger Hadrian den Märtyrertod.

Die Quirinus-Verehrung erreichte in Neuss ihren Höhepunkt, als die Reliquien während der zehn Monate langen Belagerung durch Karl den Kühnen in eine Bresche der angeschossenen Stadtmauer gestellt wurden und auf wundersame Weise bewirkten, dass Karl die Belagerung 1475 beendete.

Adresse Freithof 7, 41460 Neuss, Tel. 02131/222327 (Pastoralbüro), www.neuss-mitte.de | ÖPNV Straßenbahn 709, Haltestellen Neuss Markt und Glockhammer | Anfahrt A 57/B 1, Ausfahrt Neuss-Hafen, über die Stresemannstraße und den Europadamm ins Zentrum, Fußweg zum Münster | Öffnungszeiten täglich 8.30–12.30 und 14.30–19 Uhr | Tipp Am Büschel 50 befindet sich in einem der ältesten erhaltenen Bürgerhäuser von Neuss das Restaurant »Em schwatte Päd«, 1603 als Wohnhaus und Poststation »Zum Schvatten Rosz« gebaut, mit sehenswerten Balkendecken und Gewölbekeller.

78 The Globe

Wie es uns gefällt

William Shakespeare war Dichter, Dramatiker, Schauspieler, Manager und Mitbesitzer des Theaters, in dem viele seiner Stücke uraufgeführt wurden. 1599 im Londoner Vergnügungsviertel Bankside eröffnet, brannte es 1613, drei Jahre vor Shakespeares Tod, bis auf die Grundmauern nieder. Ganz zufällig wurden diese Mauern Ende des 20. Jahrhunderts wiederentdeckt, und The Globe wurde 1997 ungefähr so rekonstruiert, wie man sich Shakespeares Bühne vorstellte, von der es nur zwei zeitgenössische und sehr ungenaue Darstellungen gibt. Das bis heute vermutlich berühmteste Theater der Welt war von ergreifender Schlichtheit, ohne Dach und ganz aus Holz, über drei Etagen gebaut, die hierarchisch strukturiert waren. Oben und hinter der Bühne waren die Plätze am teuersten, direkt davor lag The Pit, die Grube, in der geschätzte 1.000 nicht so vermögende, aber doch begeisterte und anarchisch veranlagte Theaterkonsumenten in die Stücke ein- und eventuell auch die Schauspieler angriffen.

In Neuss ist das natürlich anders. Einer von vielen Nachbauten weltweit steht dort auf der Rennbahn und vermittelt ein Gefühl relativer, aber gemäßigter Authentizität. So ähnlich wird es zu Shakespeares Zeiten auch gewesen sein: klare Inszenierungen, konzeptionell mit wenig Technik und sparsamer Kulisse, die Schauspieler zum Greifen nah. Die Worte sind bei Shakespeare schließlich alles, und um die Vorstellung »Wald« beim Publikum hervorzurufen, reicht es, »Wald« zu sagen oder zwei Birkenstämme auf die Bühne zu stellen. Shakespeares Publikum ging damals mit und tut es noch heute.

Die Sitze sind hart, die Wände dünn. Die Außentemperatur dringt zwar herein, die wohlige Wärme eines dramatisch erhitzten oder amüsierten Publikums will jedoch nicht nach draußen – aber jede Unbequemlichkeit erhöht auch den Genuss. Am Ende nämlich weiß man: »Wo Worte selten, haben sie Gewicht.« (Richard II., zweiter Akt, zweite Szene.)

Adresse Hammer Landstraße 2, 41460 Neuss, Tel. 02131/4037795, www.shakespeare-festival.de | ÖPNV Bus 842, Haltestelle Hansastraße; Straßenbahn 709, Bus 828, 830, 841, Haltestelle Stadthalle/Museum | Anfahrt B 1, der Beschilderung zum Zentrum und zur Galopprennbahn folgen | Öffnungszeiten während des Shakespeare-Festivals und bei Sonderveranstaltungen (siehe Website) | Tipp Das breit aufgestellte Kulturforum »Alte Post« in der Neustraße 28 bietet auch Schauspielkurse für Laien an.

79 Der Bienener Altrhein

Das große Paradies

Er macht die Landschaft erst so richtig schön. Wenn man vom Bienener Deich hinunter und über den Altrhein blickt, der in einer lang gezogenen Schleife nach Nordwesten durch die Weiden und Wiesen fließt, kann man sich des Eindrucks nicht erwehren, in einer unberührten Bilderbuchlandschaft zu stehen. Der Fluss scheint noch ganz archaisch, gesäumt von Schilfgürteln und vereinzelten Büschen, die malerisch seine Ufer säumen. Bedeckt ist er im Frühling und Sommer von Teichrosen und gelb blühenden Seekannen, die in strömungsschwachen Altgewässern und Kolken vorkommen. Der niederrheinische Himmel scheint den Fluss blau einzufärben, und die getupften Hochsommerwolken sehen aus, als wären sie einem Gemälde des Impressionisten Claude Monets entnommen.

Das Paradies unterhalb des Deichs ist eine Augenweide und wie die meisten Paradiese unserer Zeit künstlich. Das tut seiner Schönheit und seinem Wert natürlich keinen Abbruch, aber es hängt am Tropf der Zivilisation, die es gleichzeitig bedroht. Erst das konsequente Umdenken in den 1990er Jahren hat diese Landschaft erhalten und in ihrer von Biologen und Ökologen durchdachten Stimmigkeit geschaffen. Sie versuchen auch heute noch auszugleichen, was der stillstehende alte Fluss aus eigener Kraft nicht mehr kann. Denn der Altrhein verschlammte und hatte nur noch eine Maximaltiefe von etwas mehr als einem Meter, landwirtschaftliche Abwässer nahmen ihm die Luft, und abgetrennt vom aktiven Rheinbett fehlten ihm die notwendigen Lebensimpulse. Kurz bevor er zu kollabieren drohte, musste dem hypersensiblen System mit Entschlammungskuren und Schutzzonen unter die Arme gegriffen werden.

Heute ist der Altrhein zwischen Bienen und Praest wieder in seine schönste naturnahe Form gebracht. Er liegt vor den Betrachtern wie das Wunschbild des Niederrheins: großartig und scheinbar unberührt von den wechselhaften Zeiten, die ihm nichts anhaben können.

Adresse zwischen Praest und Bienen, 46459 Rees | ÖPNV Bus 88, Haltestellen Bienen, Hueth oder Praest Berg | Anfahrt A 3, Ausfahrt Rees, B 67 Richtung Rees, rechts auf die B 8 Richtung Emmerich, B 8 zwischen Bienen und Praest in unmittelbarer Nähe des Altrheins | Tipp Das Haus Weegh von 1923 ist das einzige in Bienen, das im Zweiten Weltkrieg nicht zerstörte wurde. Sprossenfenster, hölzerne Eingangstür, Fliesen und Treppenhaus sind bis heute unverändert erhalten.

80 Das »Landhaus Drei Raben«

Licht im August

Im Sommer, wenn man spätnachmittags durch die Landschaft fährt, ist es genau der Ort, den man sich wünscht: ein Landhaus, hell wie der Süden, hinter Hecken und unter alten, himmelhoch gewachsenen Bäumen versteckt, mit einer kiesbedeckten Terrasse und Sonnenschirmen, die wie Dächer anmuten. Der Sommerwind weht über den Altrhein, entfernt brummt ein Motorrad über die kaum befahrene Landstraße, kommt näher und verschwindet wieder, nur die Vögel, die eine Katze ärgern, sind laut. Man hängt seinen Gedanken oder den Worten nach, die von der wirklichen Welt so weit weg scheinen wie man selbst in diesem Moment. Man neigt zu freundlichen Projektionen und leichten Allerweltsplaudereien, und ein bisschen ist es so, als läge man im Gras und schaute den Wolken nach, die so langsam wie möglich über den Fluss und die Felder ziehen.

Vielleicht ist es etwas übertrieben zu sagen, dass die Terrasse des »Landhaus Drei Raben« eines der Sehnsuchtsziele am Niederrhein ist. Aber wenn man einmal da ist, möchte man unter Umständen nicht mehr weg. Zwischen Terrakottatöpfen, in denen Oleander und Lavendel wachsen, fühlt man sich wie in Ligurien oder der Provence und kann gerade deshalb den Niederrhein und seine unerwarteten Schönheiten nicht genügend loben. Bei Licht betrachtet widerspricht die Landschaft überhaupt immer häufiger den gängigen und etwas trüben Kopfweiden-Klischees. Von vernebelter Schwermut keine Spur. Kein Wunder also, dass sich hier immer schon alle wohlfühlten: Römer, Spanier und Franzosen. Die gaben dem Hof auch den Namen, der eine Zeit lang »Jacquetrois« hieß und eingedeutscht zu den »Drei Raben« wurde.

An manchen Tagen ist es hier einfach zu schön, was natürlich auch am guten Essen liegt, das dafür sorgt, dass der Niederrhein kulinarisch locker mit dem Oberrhein mithalten kann.

Adresse Reeserward 5, 46459 Rees-Reeserward, Tel. 02851/1852, www.landhaus-drei-raben.de | Anfahrt A 3, Ausfahrt Rees, auf der B 67 Richtung Rees, kurz vor der Rheinbrücke rechts auf die Wardstraße und weiter auf die Reeserward | Öffnungszeiten Fr, Sa ab 15 Uhr, So, Feiertage ab 12 Uhr | Tipp Am Reeserward verbinden sich alle typischen Elemente des Niederrheins zu einem stimmigen Bild, und wohl nirgendwo sonst geht die Sonne schöner unter als hier.

81__Der Hariksee

Auf dem Kindheitserinnerungsboot

Der Hariksee ist schick geworden. Er präsentiert sich wie im Sonntagsanzug. Die Andenkenbude ist frisch gebeizt, die Straßen wirken wie gefegt, moderne Laternen beleuchten die Wege, die früher waldmäßig tiefdunkel und immer ein bisschen vernachlässigt waren. Selbst die Enten schwimmen in Formation, und das Laub scheint im Gleichmaß zu fallen. Das betagte »Inselschlösschen«, das noch im abgeblätterten Zustand der 50er-Jahre-Strandkulisse eine gewisse Postkarten-Vornehmheit verbreitete, glänzt heute strahlend gelb. Man kann es für Veranstaltungen mieten. Der Kies ist gereinigt, und die noch vor einigen Jahren erschöpften Bohlen der Bootsstege wurden durch edle Planken in Segelclub-Optik ersetzt. Alles ist neu. Zumindest für ein Jahr oder eine Saison.

Da, wo früher das wunderbar antiquierte Freibad lag, dessen einzige Attraktion die Kopfsprünge der Badegäste waren, stehen jetzt nette Wochenendhäuser wie aus einem skandinavischen Ferienkatalog. Oberhalb der Häuser gibt es noch immer die Minigolfanlage, die den schattigen und familiären Sommerferiengeist von gelber Limo und Eis am Stiel atmet. Wenn die alte »Patschel«, benannt nach dem letzten Fischotter, der in diesem renaturierten Torfsee gelebt haben soll, in See sticht, riecht es nach Erinnerung und Nostalgie, nach harmlosem Vergnügen und nach kindlicher Eroberungslust. Voll besetzt, mit Blick nach vorn, schiebt sie sich gleitend durch das Wasser von einer Erinnerung zur anderen.

Es sind meist feierlich aufgeräumte Großeltern, die ihren Enkelkindern den Reiz der Seereise und die Schönheiten der Natur vermitteln wollen und doch zwischen den Anlegestellen »Inselschlösschen« und »Mühlrather Mühle« eher ihren eigenen fernen Erinnerungen nachhängen. Sie jedenfalls trauen dem unterhaltsamen Steuermann mit seinen Käpt'n- Blaubär-Pointen zu, dass er schon ganz andere Pötte über den Blanken Hans gesteuert hat.

Adresse Harikseeweg, 41366 Schwalmtal | ÖPNV Bus 013, Haltestelle Freibad Hariksee | Anfahrt A 52, Ausfahrt Niederkrüchten, auf der B 221 Richtung Brüggen, bei Alte Kahrstraße (im Verlauf Kahrstraße) rechts, links auf die Wiesenstraße, rechts auf die Harikseestraße | Tipp Die »Mühlrather Mühle« am Nordufer des Hariksees besteht seit 1590 und ist seit Anfang des letzten Jahrhunderts Ausflugslokal. Heute drehen sich die (Eisen-) Mühlräder, um Strom zu erzeugen.

82__Die Schwalm

Im Mühlenviertel

Als Karl V., Kaiser des Heiligen Römischen Reiches, im Vertrag von Venlo 1543 das Herzogtum Geldern mit den habsburgischen Niederlanden vereinigte, reichte die Grenze seines Reiches, von dem gesagt wurde, dass darin die Sonne nie untergehe, bis an das linke Ufer der recht unscheinbaren Schwalm.

Das Grenzgebiet der Schwalm war so sumpfig, dass es gegen mögliche Feinde nicht besonders gesichert werden musste. Militärische Bewegungen waren in diesen Niederungen nicht möglich, und wer mit Ross und Reiter auf die andere Seite der Schwalm wollte, musste sie umgehen. Der Wasserreichtum hat sich bis heute trotz einiger Trockenlegungsversuche in den 1920er Jahren mehr oder weniger erhalten, wird allerdings aktuell durch Garzweiler II von unten angezapft. Das Grundwasser sinkt, und nur mit aufwendigen Infiltrationsmaßnahmen kann verhindert werden, dass die Auenwälder der Schwalm und ihrer Nebenbäche langsam austrocknen und vertorfen.

An Schwalm, Knippertzbach, Kranenbach und Mühlenbach gibt es noch 36 Wassermühlen, allerdings nur in zweckentfremdeten und manchmal schwer erkennbaren Restbeständen. Gelegentlich wird noch ein Mühlrad zum Schaulaufen angetrieben, was romantisch aussieht und schöne Geräusche macht. Die optisch attraktivsten Mühlen werden meistens gastronomisch genutzt und sind deshalb die natürlichen Zielpunkte von Wanderern und Radfahrern.

Zwischen der Einmündung des Mühlenbachs (bei Molzmühle) und Lüttelforst hat sich die Schwalm ihren ursprünglichen Zustand bewahrt. In diesem naturnahen Auenwald kann man mit etwas Glück und auf leisen Gummistiefelsohlen Eisvögel und Gebirgsstelzen am Flussufer beobachten. Seltene Pflanzen wie die außergewöhnliche Sumpfcalla und die Moorlilie wachsen an der Schwalm und ihren Zuflüssen, wie auch die großen Schilfröhrichte, mit denen die mittlerweile unter Denkmalschutz stehenden Reethäuser gedeckt werden.

Adresse zwischen 41844 Tüschenbroich und 41379 Brüggen | **ÖPNV** Bus 012, Haltestelle Brüggen Markt; Bus 013, Haltestelle Brempt/Niederkrüchten; Bus 074, Haltestelle Waldniel Kirche | **Anfahrt** A 52, Ausfahrt Niederkrüchten, auf der B 221 Richtung Niederkrüchten/Wegberg oder Richtung Brüggen | **Tipp** Die Wegberger Naturwald-Schleife ist ein leichter, etwa zehn Kilometer langer Wanderweg, der durch das Knippertzbachtal und das Molzental führt.

83__Der Aussichtsturm

Da unten, das Land

Er ist natürlich immer ein Ziel. Allein schon deshalb, weil er weit über die Ebene und die Bäume hinausragt, die ihn umgeben, und somit nicht zu übersehen ist. Filigran und leicht steht er da, etwas verspielt wie eine moderne, von Mikadostäben inspirierte Plastik und dennoch fest verankert und ganz offiziell, als observierte er die Landschaft.

Für echte Sportskanonen ist er eine schöne und erschöpfende Herausforderung. Kaum zu bändigende Mountainbiker strampeln über die Feldwege und durch den kleinen Maronenwald auf ihn zu, um dann seine Stufen im konzentrierten Laufschritt zu nehmen, behelmt und nass wie Feuerwehrleute, die sich verirrt haben.

Oben pfeift der Wind und rüttelt am Gestänge. Bei Sonnenschein blickt man über den friedlichsten Niederrhein, den man sich vorstellen kann – alles ist leicht und schön bestellt wie auf einem frühen Bild von Friedensreich Hundertwasser. Ein grünbraunes Bild, in dem sich nur die fernen Windräder drehen und ein einzelner Traktor eine dunkle Furche zieht.

Man erkennt auch mit geografischen Minimalkenntnissen den Xantener Dom, weit weg und doppeltürmig spitz, und auf einer Linie irgendwo hinter ihm müsste Hamminkeln und dahinter Bocholt liegen. Vor dem Aufstieg liest man, dass der Turm 26 Meter hoch ist und die oberste Plattform genau 100 Meter über dem Meeresspiegel liegt. Man würde gern wissen, wie weit man tatsächlich schauen kann und was man sehen könnte, wenn der Horizont niederrheinisch bedingt nicht in einem alles eliminierenden blaugrauen Dunst läge, der die Sicht verkürzt. Aber die erläuternde Schautafel benennt nur »Untergrund und Rohstoffe im Raum Sonsbeck«. Das ist immerhin eine didaktische Überraschung. Wenn man wieder nach unten steigt, weiß man zumindest, was hier und in der Sonsbecker Schweiz vor 325 Millionen Jahren los war und wie die Kamp-Lintforter an ihre Steinkohle gekommen sind.

Adresse Xantener Straße (L 480), Dürsberg, nördlich von 47665 Sonsbeck | ÖPNV bSo, Bus 36, Haltestelle Bergrücken, von dort zu Fuß | Anfahrt A 57, Ausfahrt Sonsbeck, Richtung Sonsbeck/Xanten, circa 1,5 Kilometer hinter Sonsbeck an der Xantener Straße (L 480) links Feldweg zum Aussichtsturm | Öffnungszeiten ganzjährig rund um die Uhr | Tipp Am Ortsausgang von Sonsbeck in Richtung Xanten liegt die Wallfahrtskapelle St. Gerebernus, die auf das Jahr 1000 zurückgeht, 1578 aber zur gotischen Hallenkirche erweitert wurde. Sehenswert ist unter anderem der spätbarocke Gerebernusaltar.

84 Die Hochwaldschneise

Operation »Blockbuster«

Es war eine exzentrische und rückblickend nicht besonders glückliche Idee, die der kanadische Generalleutnant Guy Simonds hatte: Der geplante Hauptstoß gegen die letzte deutsche Verteidigungslinie vor dem Rhein sollte nicht wie ursprünglich geplant über die Reichsstraße 57, sondern über die Bahntrasse der Kleinbahn Goch–Xanten geführt werden. Die Reichsstraße war von Bombentrichtern übersät, und die Alliierten befürchteten, dass ihr Angriff auf breiter Front im unpassierbaren Gelände stecken bleiben könnte. Die Zeit drängte, da die erhoffte Rheinüberquerung für März geplant war und das benötigte Material, 60.000 Tonnen Munition und 250.000 Soldaten, in die Bereitstellungsräume gebracht werden musste.

Simonds' Idee, die hoch gelegene Trasse für seine Panzer zu nutzen, hatte allerdings zwei wichtige Faktoren nicht berücksichtigt: Zum einen hatten die deutschen Verteidiger genügend Zeit, sich auf die geplanten Aktionen der Alliierten einzustellen, da bei der langen Vorbereitung jedes Überraschungsmoment zwangsläufig fehlen musste. Der deutsche General Schlemm ließ deshalb die Feuerkraft seiner Geschütze bündeln und auf die Stelle des vermuteten Durchbruchs richten. Zum anderen hatten Simonds und der kanadische Stab nicht bedacht, dass die Manövrierfähigkeit ihrer Panzer auf der schmalen Trasse stark eingeschränkt war. Die Hochwaldschneise konnte erst nach viertägigem Kämpfen am Abend des 3. März 1945 erobert werden. Die Kanadier hatten mehr als 1.100 Mann auf wenigen Kilometern verloren, und etwa 100 Panzer und Panzerfahrzeuge waren von den Deutschen abgeschossen worden.

Eine Gedenktafel an der Bahnunterführung in Uedemerbruch erinnert an die schweren Gefechte. »Blockbuster«, so der Name der Operation, wurde dennoch insofern ein Erfolg, da sich die Deutschen schließlich in ihren Brückenkopf vor Wesel zurückzogen, den sie schon am 9. März endgültig räumen mussten.

Adresse Uedemerbruch, 47589 Uedem | ÖPNV Bus 45, Haltestelle Uedemerbruch Kirche | Anfahrt A 57, Ausfahrt Uedem, auf der L 362 Richtung Uedem, rechts auf die L 77 Richtung Xanten, links nach Uedemerbruch, links auf Am Bahndamm | Tipp Der Uedemer Hochwald nördlich und südlich von Uedemerbruch hat ein gut ausgebautes Netz von Rad- und Wanderwegen und bietet durch seine hügelige Anlage reizvolle Ausblicke in die Landschaft.

85 Der Mooshof

Im Alleingang

Ein modernisiertes Bauernhaus, frisch renoviert mit Doppelverglasung und Sonnenkollektoren auf dem Dach, im Schatten unter Bäumen ein Gartentisch mit Stühlen – nichts deutet darauf hin, dass dieser so harmlos und familiär erscheinende Ort im Frühjahr 1945 einer der dramatischsten am Niederrhein war.

An der Außenmauer erinnert eine Tafel an Sergeant Aubrey Cosens. Als er hier in der Nacht vom 25. auf den 26. Februar von einem deutschen Scharfschützen durch einen Kopfschuss getötet wurde, war er 23 Jahre alt. Für seine außergewöhnliche Tapferkeit, seine selbstlose Entschlossenheit und seine Führungsqualitäten in einer fast ausweglosen Situation erhielt er posthum das Viktoria-Kreuz, die höchste Auszeichnung, die das britische Empire vergibt.

Als Teil der Operation »Blockbuster« griffen kanadische Einheiten nordwestlich des Hochwalds deutsche Stellungen an, um den Durchbruch zum Rhein zu ermöglichen. Der frei im flachen Gelände liegende Mooshof war von deutschen Fallschirmjägern und Panzergrenadieren zu einem gut befestigten Punkt ausgebaut worden. Die Kanadier mussten praktisch ohne Deckung über etwa 1.000 Meter offenes Gelände Richtung Hof marschieren, und als der Zug, dem auch Cosens angehörte, endlich in dessen Nähe kam, waren mit Ausnahme von fünf Soldaten alle anderen gefallen oder kampfunfähig.

Nachdem auch der befehlshabende Offizier sein Leben verloren hatte, übernahm Cosens für die letzten vier Soldaten das Kommando. Im Deckungsfeuer seiner Kameraden rammte er mit einem führerlosen Sherman-Panzer eines der Gebäude und kämpfte den Hof anschließend im Alleingang frei. Cosens tötete die deutschen Verteidiger und konnte einige von ihnen sogar gefangen nehmen. Als er sich am Ende auf den Weg machte, um seinen Kompaniechef über die Situation zu informieren, traf ihn, nur wenige Schritte vom Hof entfernt, die tödliche Kugel.

Adresse Läpperstraße, 47589 Uedem | Anfahrt A 57, Ausfahrt Goch, auf der B 67 Richtung Kalkar, bei der Läpperstraße rechts, dem Verlauf der Läpperstraße einmal links, einmal rechts und wieder links folgen | Öffnungszeiten nur von außen zu besichtigen | Tipp Eine siedlungsgeschichtliche Besonderheit ist das durch Verfügung des preußischen Königs Friedrich Wilhelm III. 1820 für Pfälzer Auswanderer gegründete Louisendorf mit quadratischer Anlage, zentraler Kirche und Dorfplatz.

86 Die Mommniederung

Schöne Aussichten

Es ist ein wenig so, als hätte man die Landschaften zusammengerückt. Die Mommniederung, oft als einzigartige und weit in die Zeiten zurückreichende Kulturlandschaft zwischen Mehrum, Spellen und Voerde beschrieben, liegt in ihrer idyllischen und urländlichen Pracht am Ostufer des Rheins. Auf dem Fluss schieben hochmoderne Containerschiffe stromaufwärts Richtung Basel und stromabwärts nach Rotterdam – der Duisburger Hafen, der größte Binnenhafen Europas, liegt hinter der nächsten Flussbiegung.

Horizontal in der diesigen Ferne, die manchmal bedrohlich nah erscheint, akzentuieren die unübersehbaren Zeichen des Industriereviers, das bei Tag und Nacht seine letzten Schlote unter himmelhohem Dampf hält, die Niederung. Das bombastische Kraftwerk hinter Götterswickerhamm zeigt die Unerbittlichkeit einer durchtrieben prosaischen und überhitzten Gegenwart, aber mittendrin und unerwartet: Apfelbäume, Schlehen, Weißdornhecken und Kopfweiden, als würde die noch vorhandene bäuerliche Welt die andere, bedrohliche und so laut auftretende ganz einfach ignorieren.

Auf sogenannten Wurten, die weiter nördlich am Niederrhein Warften heißen, stehen alte Bauernhöfe, irgendwie aus der Zeit gerutscht und in scheinbar heiler Welt, als würde hier das Butterfass noch von der Magd gedreht, umgeben von Holunder und buntem Lerchensporn. Bilder einer unversehrten Vergangenheit, die fast einen Zug ins Irreale bekommt, wenn Schleiereulen in der Dämmerung über die Wiesen gleiten und Steinkäuze in hohlen Märchenbäumen landen. Aufgeschüttet wurden die Wurten, als der Rhein noch jahreszeitlich bedingt über die Ufer trat und das Weideland regelmäßig unter Wasser und Eis setzte. Erst seit 80 Jahren ist die Mommniederung hochwasserfrei. Geologen vermuten, dass der bescheidene Mommbach, der der Landschaft seinen Namen gab, ursprünglich ein starker Rheinarm war und die Niederung im Nordosten umschloss.

Adresse zwischen Ork und Götterswickerhamm, westlich von 46562 Voerde | **ÖPNV** Bus 81, Haltestellen Götterswickerhamm, Mehrum, Ork | **Anfahrt** A 3, Ausfahrt Hünxe, auf der L 463 und der B 8 Richtung Voerde und weiter Richtung Dinslaken, rechts auf die L 4 nach Götterswickerhamm, Mehrum und Ork (durch die Mommniederung) | **Tipp** In Voerde-Spellen befindet sich mit dem Restaurant Namaste eines der am Niederrhein seltenen tibetanischen Restaurants, in dem die ayurvedische Kochkunst praktiziert wird (Friedrich-Wilhelm-Straße 4).

87 Die Altstadt

Fast wie früher

Als der große Brand von 1708 die Stadt in Schutt und Asche legte, hatten die Wachtendonker, was damals niemand ahnen konnte, das Gröbste hinter sich. Nach 300 Jahren Streit, Krieg und Plünderung war alles vorbei, denn es gab praktisch nichts mehr, für das es zu streiten und zu plündern lohnte.

1407, als die große Unruhe begann, sah das noch anders aus: Herzog Rainald von Geldern, machtbesessen und aggressiv wie seine Vorfahren, eroberte Stadt und Burg. Kurze Zeit später gehörte das Amt Wachtendonk den Herzögen von Kleve, dann wechselweise beiden Herzogtümern, bis es schließlich im 16. Jahrhundert zu Burgund und den Spanischen Niederlanden kam, um dann im Achtzigjährigen Krieg (1568–1648) als Festung der abtrünnigen Provinz Gelderland von Spaniern und Niederländern umkämpft zu werden.

Wachtendonk war, was man der Stadt heute nicht mehr ansieht, ein gefährlicher und ungemütlicher Ort. Der lange, wohlverdiente Schlaf begann nach dem letzten Stadtbrand, und selbst als im Zweiten Weltkrieg fast alle niederrheinischen Städte bis auf die Grundmauern zerbombt wurden, gab es in Wachtendonk nur verhältnismäßig geringe Schäden. Ein Glück für die Stadt, und ein Glück für den Niederrhein, denn so existiert zumindest noch ein authentisches Ortsbild des 18. und 19. Jahrhunderts, das zeigt, wie es heute auch in anderen Städten aussehen könnte, deren historische Substanz in großen Teilen für immer verloren ist.

Das ganze innerstädtische Ensemble steht deshalb unter Denkmalschutz, und den schönsten und stimmungsvollsten architektonischen Einblick erhält man in der Weinstraße, deren Einmündung in die Feldstraße dem besonders prächtigen Haus Püllen aus dem Jahr 1634 direkt gegenüberliegt. In dem auffälligen Gebäude mit der rosafarbenen Fassade und dem geschwungenen Doppelgiebel ist heute das Naturparkzentrum Schwalm-Nette untergebracht.

Adresse Feldstraße 35, 47669 Wachtendonk | ÖPNV Bus 063 und 069, Haltestelle Kuhdyck | Anfahrt A 40, Ausfahrt Wachtendonk, Richtung Wachtendonk, am Kreisverkehr links auf Friedensplatz und weiter in die Feldstraße | Öffnungszeiten Naturparkzentrum im Haus Püllen Di–So 9–12.30 und 13–17 Uhr | Tipp Der Pulverturm an der südlichen Stadtmauer war nach seiner ursprünglichen Bestimmung als Wehrturm später das Gefängnis und das Getreidelager der Stadt. Das seit 1605 unveränderte Backsteingebäude wird heute als Restaurant genutzt.

88__Das Friseurmuseum

Beim Barbier von Wachtendonk

Es ist eine charmante und vor allem sehr seltene Idee, am Ende eines langen Arbeitslebens aus seinem Arbeitsplatz ein Museum zu machen. Franz-Josef Ruyters hat das im September 2020 getan und einen auch überregional viel beachteten Schlusspunkt hinter eine 145-jährige Familientradition gesetzt. Begonnen hatten die Ruyters bereits 1865, damals noch ambulant, also von Haus zu Haus ziehend, später dann fest installiert mit einem Salon, den Franz-Josef Ruyters 1977 von seinem Vater übernahm.

Aus heutiger und musealer Sicht ist es schade, dass die Vorfahren und früheren Ruyters-Friseure nicht auch schon diese Idee hatten, denn dann wäre vieles erhalten geblieben, was man heute durchaus vermisst. Das Friseurhandwerk kannte nämlich viele kuriose und sogar Furcht einflößende Instrumente. Manche sind im Wachtendonker Museum zu sehen, wie beispielsweise die Fingerhaube, die aus einem frühen Science-Fiction-Film von Jack Arnold stammen könnte (»It Came from Outer Space«, 1953). Sie kam immer dann zum Einsatz, wenn Frauen mit gestärkter Dauerwelle in die gesellschaftlichen Schlachtfelder ziehen wollten. In den guten alten Zeiten gab es dazu viele Anlässe: Hochzeiten, Taufen, Jubiläen, Weihnachten und Ostern und natürlich das jährliche Schützenfest, bei dem Franz-Josef Ruyters selbst schon den Vogel von der Stange geholt hat. In den vergangenen anderthalb Jahrhunderten gab es wohl keinen Wachtendonker, der sich nicht von den Ruyters rasieren und zu den hohen Feiertagen in deren Salon seine Frisur in eine angemessene Form bringen ließ. Über Jahrzehnte war der heute aus der Mode gekommene Fassonschnitt eine feste Größe im standesgemäßen Erscheinungsbild Wachtendonker Jungen und Männer.

Der alte Friseursalon wurde räumlich nicht verändert, aber mit etwa 1.000 Exponaten angefüllt. Im Wesentlichen repräsentieren sie die Zeit, in der Franz-Josef Ruyters selbst aktiv war.

Adresse Feldstraße 25, 47669 Wachtendonk, Tel. 02836/7472, www.kleines-friseurmuseum.de | ÖPNV Bus 063, Haltestelle Jungfernsteg | Anfahrt A 40, Ausfahrt Wachtendonk, über die Kempener Straße Richtung Altstadt | Öffnungszeiten jeden 1. So im Monat 11–17 Uhr | Tipp Eine schöne, niederrheinisch gemütliche Adresse ist die Weinstube »Im Hinterhof« in der Weinstraße 12.

89 Das Birgelener Pützchen

Sonntags nach dem Essen

Die ersten Besucher waren durchaus prominent, und wenn man den Überlieferungen glauben darf, haben gleich zwei Urbischöfe an der Quelle im Birgelener Wald die Heiden beim Schopf gepackt und getauft. Da war zum einen der heilige Lambertus, Bischof von Maastricht, Märtyrer und Kämpfer für den rechten Glauben, der oft mit dem Schwert dargestellt wird, durch das er starb. Der andere war der heilige Willibrord, der »Apostel der Friesen«, der seinen Missionseifer auch am Niederrhein in die Tat umsetzte und das weltberühmte Kloster in Echternach gründete. Beide werden mit der heiligen Quelle (Pützchen bedeutet Quelle) in Verbindung gebracht, was ein Indiz dafür ist, dass sie vermutlich schon den heidnischen Germanen ein heiliger Ort gewesen sein muss.

Die historischen Barbaren haben leider keine sichtbaren Spuren hinterlassen, nur die gegenwärtigen, die den Kreuzweg zum Pützchen gelegentlich zerstören oder die Kapelle in Brand setzen. Am Pützchen wird, wie an vielen christlich umgedeuteten Quellen, die Jungfrau Maria verehrt. Das Wasser heilt angeblich zuverlässig, besonders bei Augenkrankheiten, und einige Votivtafeln bezeugen, dass hier im Wald erhört wird, wer darum bittet. Kleine Wunder geschehen noch immer, auch wenn die Vergangenheit darüber mehr zu berichten weiß als die Gegenwart.

Die letztendlich in ihren bescheidenen Ausmaßen kindgerechte Kapelle hat besonders in den Zeiten des ungetrübten Familienglücks der 1950er und 1960er Jahre das Pützchen zu einem beliebten Ausflugsziel werden lassen. Nach dem Essen, sonntäglich wohlgelaunt und herausgeputzt, war das Pützchen ein Ziel für die ganze Familie: Mütter und Väter im Sonntagsgewand, kleine Jungen, die perlenbesetzte Fliegen trugen, und Mädchen mit Schleifen im Haar. Vermutlich auch, um sich an diese Sonntage zu erinnern, ist die Kapelle heute das Ziel vieler Großeltern mit ihren irritierend bunt gekleideten Enkelkindern.

Adresse Pützchensweg, 41849 Wassenberg-Birgelen | **ÖPNV** Bus 405, Haltestelle Birgelen Kirche | **Anfahrt** A 46, Ausfahrt Hückelhoven-West, auf der L 117 und der B 221 Richtung Wassenberg, in Wassenberg auf der Roermonder Straße nach Birgelen, bei der Lambertusstraße rechts auf den Pützchensweg, Fußweg durch den Wald zur Kapelle | **Öffnungszeiten** jederzeit zugänglich | **Tipp** Auf Burg Wassenberg, einer Höhenburg des 11. Jahrhunderts, von der nur der Bergfried vom Anfang des 15. Jahrhunderts erhalten ist, soll schon Kaiser Karl V. übernachtet haben.

90__Der Grenzlandring

Ohne Boxenluder

Als die Hoffnungen und Phantasien, die sich mit dem Grenzlandring verbanden, am größten und schönsten waren, raste der Berliner Rennfahrer Helmut Niedermayr mit seinem Formel-2-Rennwagen Veritas Meteor in die Zuschauer – 14 Tote, 42 Verletzte. Damit war das Schicksal der angeblich »schnellsten Rennstrecke Europas« besiegelt. Nach dem 31. August 1952 fanden hier keine Autorennen mehr statt.

Der eiförmige Rundkurs um Wegberg und Beek war als Rennstrecke erst drei Jahre zuvor »entdeckt« worden, als ein Lokalpolitiker »versehentlich« im Kreis gefahren und ihm ein Licht aufgegangen war: Das hier könnte die Avus des Westens sein und vielleicht ähnlich populär werden wie die Berliner Stadtrennstrecke. Aus zwei Umgehungsstraßen, die der deutschen Wehrmacht während des Kriegs zur Versorgung ihres Bunkerpropagandawalls gedient hatten, ließ sich dieser schnelle Rundkurs basteln, der ganz aus Betonplatten erbaut und ähnlich den Reichsautobahnen harmonisch und leicht geschwungen in der Landschaft lag. Die neun Kilometer lange Strecke ließ fast futuristische Höchstgeschwindigkeiten zu, und bereits im zweiten Rennen wurde das Stundenmittel auf über 200 Stundenkilometer angehoben.

Nach Stillstand und Zerstörung in den letzten Kriegsjahren begeisterten sich die Rheinländer für das hyperschnelle Motorenspektakel, und an guten Tagen sollen bis zu 300.000 Zuschauer gekommen sein. Dennoch waren die Renntage mehr oder weniger improvisiert, da der Wegberg-Ring immer erst zur Rennstrecke umgerüstet werden musste. Tribünen, Start und Ziel und so etwas Ähnliches wie eine Boxengasse wurden zuvor auf- und danach wieder abgebaut. Die Zuschauer trennte ein Draht von der Strecke. Das ist auch der Grund, warum heute absolut nichts mehr an die Vergangenheit erinnert, die eigentlich hätte Zukunft sein sollen, wenn man von den vielen Jungs absieht, die versuchen, die Blitzkästen auszubremsen.

Adresse Ring um 41844 Wegberg | **Anfahrt** A 46, Ausfahrt Erkelenz-Ost, auf der B 57 Richtung Mönchengladbach, links auf die L 127 nach Wegberg; alternativ A 61, Ausfahrt MG-Holt, Richtung Rheindahlen, auf der B 57 Richtung Erkelenz, rechts auf die L 127 nach Wegberg; alternativ A 52, Ausfahrt Hostert, auf der L 3 Richtung Wegberg | **Tipp** An der L 127 in Richtung Wegberg liegt im Ortsteil Kipshoven die kleine gotische Heilig-Kreuz-Kapelle von 1492. Bedeutend sind die erst 1968 entdeckten spätgotischen Wand- und Deckenmalereien von 1522 mit der Passion Christi im Mittelschiff.

91 Die alte Eisenbahnbrücke

Von einem Ufer zum andern

Lang gestreckt und wild bewachsen liegt sie in den Wiesen. Betreten darf man sie natürlich nicht, Schilder warnen überall vor Einsturzgefahr und Steinschlag – was einige Hobby-Alpinisten jedoch nicht davon abhält, sich an einem ihrer Pfeiler fotogen in Schräglage abzuseilen, als hingen sie an der Eigernordwand.

Mit ein paar Fakten der deutschen Endzeitgeschichte im Kopf sucht man sie nach Einschusslöchern ab. Einige komplett herausgesprengte Stücke könnten Volltreffer gewesen sein. Tagelang lag sie unter heftigem Artilleriefeuer. Die Alliierten bombardierten sie vergeblich, zuerst, um die deutschen Truppen vom Nachschub des rechten Rheinufers abzuschneiden, dann, um den Rückzug über den Rhein an ebendieses Ufer zu verhindern. Unter gewissen Aspekten war die Weseler Eisenbahnbrücke der alles entscheidende Ort der Operation »Blockbuster II«, die am 8. März 1945 morgens um fünf Uhr mit einem Trommelfeuer auf Xanten begonnen hatte. Zwei Tage zuvor hatten die Briten die Höhen der Bönninghardt erobert und konnten nun den letzten Brückenkopf der Deutschen einsehen, der nur noch ungefähr 15 Kilometer breit und 12 Kilometer tief war. 11 Artillerieregimenter nahmen das Gebiet mit schätzungsweise 1.300 Geschützen unter Dauerfeuer, unterstützt von etwa 300 schweren Halifax- und Lancaster-Bombern.

Hitler hatte ausdrücklich verboten, den Weseler Brückenkopf zu räumen. Erst nachdem General Schlemm, der deutsche Befehlshaber der Heeresgruppe H, einen Offizier aus dem Generalstab angefordert hatte, damit der sich ein Bild der infernalischen Zustände im ausweglosen Kampf um den Brückenkopf machen konnte, kam am 9. März der Befehl zur Räumung. Am nächsten Morgen wurde die Eisenbahnbrücke von deutschen Pionieren gesprengt. Die Nachhut, die den Rückzug deckte, ergab sich in den noch heute erhaltenen Ruinen von Fort Blücher neben der Auffahrt zur Brücke.

Adresse Rheinbogen nördlich von Büderich, 46487 Wesel | Anfahrt A 57, Ausfahrt Alpen, Richtung Wesel, B 58 bis zum Ortsende Büderich, links auf die Xantener Straße (L 460), rechts auf den Perricher Weg, vom Abzweig Fort 1 (Wirtschaftsweg) zu Fuß zur Brücke; alternativ A 3, Ausfahrt Wesel, der B 58 auf die andere Rheinseite folgen, rechts auf die Xantener Straße, weiter s. o. | Tipp Neben der Eisenbahnbrücke liegt das noch vollständig erhaltene Fort 1, das zur Befestigung und Verteidigung der damals neuen Rheinbrücke 1872 von der Köln-Mindener Eisenbahn-Gesellschaft errichtet wurde.

92 Das Berliner Tor

Abschied von Preußen

Die Festung, in die es einst führte, gibt es nicht mehr. Auch die Preußen sind für immer verschwunden. In dieser bedeutendsten preußischen Festungsstadt am Rhein erinnert nur noch wenig an Preußens Glanz und Gloria. Das Museum im ehemaligen Körnermagazin der Festung bemüht sich um eine anschauliche Vermittlung historischer und sozialer Zusammenhänge. Der mächtige Willibrordi-Dom, ursprünglich katholisch und dem »Apostel der Friesen« geweiht, zeigt über den Seitenportalen die Standfiguren seiner preußischen und protestantischen Schutzherren: Friedrich Wilhelm I., den König von Preußen und Kurfürsten von Brandenburg, und Wilhelm I., den ersten evangelischen Kaiser.

In den Rheinauen finden sich noch die Reste des Forts Blücher, in dem sich die letzte deutsche Nachhut des infernalischen Weseler Brückenkopfes 1945 den Briten ergab. Am Rand der östlichen Innenstadt erinnert dieses einzige erhaltene Festungstor an Wesels Preußenzeit. Vollendet wurde es 1722 im Stil des preußischen Barock nach den Plänen von Festungsbaumeister Jean de Bodt.

Funktionslos, wie es ist, hat es heute den Charakter eines begehbaren Denkmals, denn auf der im Zweiten Weltkrieg völlig zerstörten Stadtseite befindet sich ein italienisches Restaurant mit der vermutlich schönsten Terrasse in der Weseler Innenstadt. Der Weg dorthin führt durch ein dekoratives Treppenhaus, das mediterrane Urlaubsassoziationen in Gips und Schnörkel zeigt, mit den bunten Verheißungen südlicher Küstenlandschaften. Die Preußen wünschten sich immer, das Arkadien des Nordens zu sein. Auch die prächtige Feldseite offenbart einen alten preußischen Wunsch. Über der Figur des im Kampf unbesiegbaren griechischen Helden Herakles befindet sich ein Relief, das einen ruhenden Löwen zeigt. In Stein gemeißelt steht hier »In ipsa quiete timendus«, was übersetzt bedeutet: Selbst wenn er ruht, muss man sich vor ihm fürchten.

Adresse Berliner-Tor-Platz 1, 46483 Wesel | **ÖPNV** DB, SB 3, SB 6, SB 21, Haltestelle Bahnhof | **Anfahrt** A 3, Ausfahrt Wesel, B 58 bis Franz-Etzel-Platz, rechts auf die Wilhelmstraße; alternativ A 57, Ausfahrt Alpen, Richtung Wesel, B 58 zum Franz-Etzel-Platz, links auf die Wilhelmstraße | **Tipp** Auf der Korbmacherstraße befindet sich das sogenannte Lutherhaus, die ehemalige Kirche der lutherischen Gemeinde in Wesel, die 1729 in einem Wohnhaus des frühen 17. Jahrhunderts gegründet wurde.

93 Die Heresbachkapelle im Dom

Die verlorene Bibliothek

Unter Kunstwissenschaftlern gilt der Willibrordi-Dom als »der großartigste historische evangelische Kirchraum des Rheinlandes«. Wenn diese Bezeichnung auch etwas dünn und prosaisch klingt und die gewaltige räumliche Komplexität der Kirche nur summarisch erfasst, freut diese Einschätzung natürlich auch die rheinischen Katholiken. Denn der Weseler Dom war ursprünglich katholisch und dem heiligen Willibrord geweiht. Der Dom unterstand dem Kloster Echternach, und der Patron war der erste Bischof von Utrecht.

Ein früher Vorgängerbau wurde um 780 errichtet, der Dom in seiner heutigen spätgotischen Erscheinung Anfang des 16. Jahrhunderts. Ungefähr zur Zeit seiner Fertigstellung beschloss der Stadtrat von Wesel, ihn der reformierten Gemeinde zur Verfügung zu stellen, und bereits 1612 wurden alle Altäre und Heiligenfiguren aus dem Dom entfernt. Die lichte, karge Aufgeräumtheit lenkt die Blicke wie selbstverständlich auf die architektonischen Stilelemente. Das Schleifen-Sterngewölbe in der Heresbachkapelle ist von einer virtuosen Schönheit und Leichtigkeit, die die Schönheit des zu erwartenden Himmels für die Gläubigen ahnen lässt.

In dieser Kapelle ist der berühmte Humanist, Pädagoge, Theologe, Diplomat und Rechtsgelehrte Konrad Heresbach beigesetzt. Er starb 1576 im Alter von 80 Jahren. Zu seinen Lebzeiten war er ein Freund Erasmus von Rotterdams und korrespondierte mehr als drei Jahrzehnte lang mit dem bedeutenden Reformator Philipp Melanchthon. Es war eine schöne Geste, dass neben seinem Grab, an der Wand der heutigen Kapelle, seine berühmte und zu seiner Zeit beeindruckend große Bibliothek, die fast 2.000 Bände umfasste, für annähernd 200 Jahre aufbewahrt wurde. Erst der Ungeist, den auch die Schriften der großen Humanisten nicht verhindern konnten, zerstörte sie im 20. Jahrhundert.

Adresse Großer Markt, 46483 Wesel | ÖPNV SB 6, 21, Bus 37, 66, 68, 83, 86, Haltestelle Großer Markt | Anfahrt A 3, Ausfahrt Wesel, B 58 bis zur Kreuzung Oberndorfstraße, rechts auf den Südring (B 8) und wieder rechts auf den Willibrordiplatz; alternativ A 57, Ausfahrt Alpen, Richtung Wesel, der B 58 über den Rhein bis zur Oberndorfstraße folgen, links auf den Südring (B 8) und rechts auf den Willibrordiplatz | Öffnungszeiten Di–Fr 14.30–17 Uhr, Mi, Sa 10–12 Uhr, Ostern–Okt. Sa, So und Feiertage 14.30–17 Uhr, Gottesdienst So 10 Uhr | Tipp In der Bar und Weinhandlung »WeinZeit« unter den Arkaden am Großen Markt werden große Weine und kleine Gerichte, Delikatessen und ein schneller Espresso angeboten.

94__Das Hotel »Wacht am Rhein«

Die Hüter des Stroms

Der heute völlig vergessene Max Schneckenburger dichtete 1840 gegen eventuelle linksrheinische Territorialansprüche der Franzosen »Die Wacht am Rhein«. In der Vertonung des heute ebenso vergessenen Chorleiters Karl Wilhelm und mit dem Sieg der Preußen über Frankreich 1870/71, der zur Gründung und Proklamation des Deutschen Reichs in Versailles führte, erreichte das Lied eine zumindest rückblickend fast beängstigende Popularität, die erst mit der Kapitulation Deutschlands 1945 endete. Bis dahin und auch zur patriotisch völlig trunkenen Kaiserzeit wurde das Lied immer dann gern gesungen, wenn es darum ging, die deutsche Heldenbrust abzuhorchen. »Der deutsche Jüngling, fromm und stark« schwört »mit stolzer Kampfeslust: »Du Rhein bleibst deutsch wie meine Brust.« Und weiter: »Zum Rhein, zum Rhein, zum deutschen Rhein! Wir alle wollen Hüter sein!«

Überall entlang des Rheins wurden Kneipen, Restaurants, Hotels und Ausflugslokale nach dem Lied benannt und zeigten neben der hysterischen auch die genießerische Seite deutscher Patrioten. Es ist nicht überliefert, ob Winston Churchill am 25. März 1945 die Ironie und Symbolik genoss, ausgerechnet vom Balkon des Hotels »Wacht am Rhein« den Übergang seiner Truppen über den Fluss zu beobachten. Anzunehmen ist es schon. Denn Churchill liebte Symbole und symbolische Handlungen. Gemeinsam mit dem britischen Feldmarschall Bernard Montgomery, der die Invasion am Niederrhein vorbereitet hatte, und dem amerikanischen General Dwight D. Eisenhower, dem Oberbefehlshaber der alliierten Streitkräfte in Europa und späteren Präsidenten der USA, verfolgte Churchill diese letzte und entscheidende Schlacht am Niederrhein, von der alle Beteiligten wussten, dass sie definitiv das Ende des Dritten Reichs bedeuten würde.

Adresse Rheinallee 30, 46487 Wesel-Büderich, Tel. 02803/8029811, www.wachtamrhein.de | ÖPNV Bus 37, 66, 67, 68, Haltestelle Marktstraße | Anfahrt A 57, Ausfahrt Alpen, Richtung Wesel, B 58 bis Büderich, rechts in die Rheinallee; alternativ A 3, Ausfahrt Wesel, Richtung Wesel, B 58 über den Rhein bis Büderich, links in die Rheinallee | Öffnungszeiten täglich außer Di ab 11.30 Uhr | Tipp Außerhalb von Büderich liegen auf offenem Feld die Reste der ehemaligen Anlage Fort Blücher, ursprünglich »Citadelle Napoléon« genannt. Napoleon hatte 1813 den Abriss Büderichs verfügt, um Wesel besser verteidigen zu können, was ihm aber misslang.

95 Das Niederrheinmuseum

Nach den Preußen

»Ich wünschte, es würde Nacht oder die Preußen kämen.« Nur selten sind die Preußen so sehnsüchtig erwartet worden wie vom Herzog von Wellington während der Schlacht bei Waterloo. Sie waren seine Rettung gegen die Truppen Napoleons im alles entscheidenden Moment. Abgesehen von diesem Sehnsuchtsseufzer des Herzogs lebten die Preußen rückblickend eher mit einem nachhaltig ramponierten Image. Das lag an ihrem Militarismus, ihrem kuriosen preußischen Gehorsam, ihrem postulierten Pflichtgefühl, ihrem etwas lächerlich geratenen Kaiser Wilhelm, der sich aller Verantwortung entzog, und nicht zuletzt an Hermann Göring, Hitlers morphiumsüchtigem Duzfreund, dem letzten preußischen Ministerpräsidenten. Preußen wurde 1945 per Verfügung der alliierten Siegermächte abgeschafft.

Dass es auch ganz andere Preußen gab, nämlich die beiden Alexander und Wilhelm von Humboldt, Karl Friedrich Schinkel, Immanuel Kant, Arthur Schopenhauer, Theodor Fontane, Caspar David Friedrich, Georg Philipp Telemann, Felix Mendelssohn Bartholdy und auch König Friedrich II. (»den Großen«), der lange Zeit der Lieblingsmonarch aufgeklärter Philosophen und Modernisten war – daran hat das Weseler Preußenmuseum in schönen Ausstellungen erinnert.

Inzwischen ist es selbst Geschichte. Nach zweieinhalb Jahren eifrigen Umbaus wurde aus dem Preußenmuseum nun das Niederrheinmuseum. Es hat sich zur Aufgabe gemacht, die Schönheiten, die Einzigartigkeit und selbstredend auch die Widersprüche dieser alten Kulturlandschaft in ein angemessenes und zeitnahes Licht zu stellen. Das ist bei einer Gegend, die durch die großen militärischen Operationen am Ende des Zweiten Weltkriegs fast vollständig pulverisiert wurde, keine leichte Sache. Wer aber wissen möchte, was sich in den Jahrhunderten davor unter der harmlosen Oberfläche aus Kopfweiden und Kappesfeldern verbarg, wird das neue Museum als wahre kulturgeschichtliche Wunderkammer erleben.

Adresse An der Zitadelle14–20, 46483 Wesel, Tel. 0281/339960, www.niederrheinmuseum-wesel.lvr.de | ÖPNV SB 6, SB 21, Bus 37, 66, 68, Haltestelle Niederrheinmuseum | Anfahrt A 57, Ausfahrt Alpen, Richtung Wesel, B 58 bis zur Kreuzung Schillstraße/Oberndorfstraße; alternativ A 3, Ausfahrt Wesel, der B 58 bis zur Kreuzung Schillstraße/Oberndorfstraße folgen | Öffnungszeiten Di–So 11–17 Uhr; Dauerausstellung wegen Umbauarbeiten von Sept. 2023 bis voraussichtlich Ende 2024 geschlossen | Tipp Im erhaltenen Haupttor der einstigen Zitadelle befindet sich heute das Schill-Museum, das an die Offiziere des Schill'schen Regiments erinnert.

96 Das Peter-Minuit-Denkmal

In der Neuen Welt

Es ist ein Denkmal der Wahrscheinlichkeiten. Wahrscheinlich wurde Peter Minuit zwischen 1584 und 1595 in Wesel als Sohn eines wallonischen Emigranten geboren, und wahrscheinlich war es Minuit, der 1626 im Tauschhandel – vermutlich gegen den üblichen Kolonisten-Tinnef im Gegenwert von 60 Gulden – die Insel Manhattan von den Algonquin-Indianern kaufte.

Mit diesem Geschäft, das heute aus ganz offensichtlichen Gründen als sittenwidrig eingestuft würde, gilt Minuit als der Gründer von New York. Zumindest war er der erste Gouverneur dieser niederländischen Siedlung. Allerdings kann heute nicht mehr geklärt werden, ob er oder Peter Stuyvesant, der 1649 diesen Handelsposten der Niederländischen Westindien-Kompanie als Stadt ausbauen und befestigen ließ, den Titel des Gründers für sich in Anspruch nehmen darf. Eine erste Stadturkunde wurde erst 1683 ausgestellt, nachdem die Engländer aus der Kolonie die englische Kolonialstadt New York gemacht hatten.

Minuit überwarf sich mit seinen Auftraggebern, wurde aus der Niederländischen Westindien-Kompanie ausgeschlossen und kehrte 1635 nach Kleve zurück, wo seine Frau am dortigen Fischmarkt ein ansehnliches Stadthaus bewohnte. Kurze Zeit später segelte er für eine schwedische Handelskompanie – in Konkurrenz zu seinen alten Auftraggebern – erneut nach Amerika, gründete die Kolonie Neu-Sweden und errichtete dort das Fort Christina. Während eines Sturms im Sommer 1638 fand Minuit den Tod.

Wahrscheinlich soll die Figur des von Hermann Kunkler 1963 geschaffenen Denkmals den Abenteurer darstellen oder zumindest die Idee, die Kunkler von Minuit hatte. Eine stilisierte, merkwürdigerweise völlig geschichts- und bezuglose Figur, die wie am Bug eines Schiffes steht und ein Tau an ein imaginäres Ufer wirft.

Adresse Kreuzung Moltke-, Augusta- und Bismarckstraße, 46483 Wesel | ÖPNV DB, SB 3, 6, 21, Haltestelle Bahnhof | Anfahrt A 3, Ausfahrt Wesel, B 58 bis Franz-Etzel-Straße, rechts auf Augustastraße; alternativ A 57, Ausfahrt Alpen, Richtung Wesel, B 58 bis Franz-Etzel-Straße, links auf Augustastraße | Tipp Der 1886 gebaute, 40 Meter hohe Wasserturm an der Brandstraße hat Wesel bis 1979 mit Wasser versorgt. Heute ist er ein Industriedenkmal, und sein historischer Turmkopf wurde nach der weitgehenden Zerstörung Wesels im Februar 1945 durch einen schlichten Aufbau ersetzt.

97 Der Postdeich

Der niemals brach

Es ist nicht viel passiert, aber das wenige war immer bedeutend. Ganz in der Nähe des Fährhauses wurde der »Lüttinger Knabe«, der eigentlich ein Bislicher war, von Fischern aus der Erde gezogen, bevor er ins Skulpturenmuseum nach Berlin kam. Er erwies sich als kunsthistorischer Klassiker, dessen Herkunft noch heute die Wissenschaft beschäftigt, die in dem ehemals römischen nun einen griechischen Lustknaben erkannt hat.

Diesen größten Fang ihres Lebens – bezeichnenderweise auf dem Trockenen – machten die Fischer im Frühjahr 1858. Der Finderlohn, den der generöse preußische Staat zahlte, ermöglichte den Bau von gleich drei Häusern. Das war für alle ein warmer Sommerregen! Denn das verheerende Jahrhunderthochwasser drei Jahre zuvor war auch bei Bislich durch den Deich gebrochen und hatte einen großen Teil des Dorfes zerstört. Fast alle Deiche bis ins niederländische Gelderland waren geschädigt, nur der Bislicher Postdeich hatte standgehalten. Er gilt heute als der älteste Deich am Niederrhein, der den unberechenbaren Sturmfluten des Frühlings und den eistreibenden Winterhochwassern noch nie nachgab.

Man geht hier also über absolut sicheres Terrain. Ein schönes und angenehmes, fast historisch bedeutsames Gefühl. Allerdings ist der heutige Rhein verglichen mit seiner bewegten Vergangenheit eher friedlich, zumindest berechenbar und nicht mehr so impulsiv wie früher, als er tun und lassen konnte, was er wollte. Heute ist es eher unwahrscheinlich, dass der Postdeich noch einmal gefordert wird, zumal nicht er, sondern andere Deiche dem Druck trotzen müssen.

Den so offiziell klingenden Namen Postdeich hat er von den ehemaligen Postreitern, die über ihn in die umliegenden Dörfer ritten. An seinem Anfang, an der Personenfähre nach Xanten, steht das alte Fährhaus, das im September 2010 wiedereröffnet wurde und an sonnigen Tagen einer der schönsten Orte am Niederrhein ist.

Adresse Marwick, 46487 Wesel-Bislich | **ÖPNV** Bus 86, Haltestelle Bislich Ortsmitte | **Anfahrt** A 3, Ausfahrt Wesel, B 58 bis kurz vor Wesel, rechts auf die Hagerstownstraße (L 7) und die Emmericher Straße (B 8), bei Diersfordt links in die Mühlenfeldstraße bis Bislich, links in die Dorfstraße und weiter Auf der Laak Richtung Damm und Marwick | **Tipp** Auf dem »Am Damm« genannten Bislicher Rheindeich nördlich des Postdeichs markiert eine aus dem 19. Jahrhundert stammende Pietà genau die Stelle, an der im März 1945 die ersten britischen Soldaten landeten. Sie soll als Mahnmal für die Gefallenen der Kämpfe und für die Opfer des Nationalsozialismus verstanden werden.

98 Die Sammlung Holland

Die Vögel

Heimatmuseen sind charmante Einrichtungen. Ihre museale Ambition, die volkskundlichen Rahmenbedingungen des jeweiligen Standorts zu zeigen, paart sich mit schöner Nostalgie und intensiver Heimatliebe. Sie verfügen gewöhnlich über keinen Etat, und nur die ehrenamtlichen Eigenleistungen, ohne die vermutlich kein Ziegel auf dem anderen stünde, ermöglichen es überhaupt, dass Dörfer wie Bislich über ein eigenes Museum verfügen. In einem oft furiosen Mix aus Ausstellungsstücken wird anschaulich und anekdotenreich erzählt, wie die Menschen der Gegend in früheren Zeiten lebten, arbeiteten und starben.

Als moderner Besucher staunt man nicht schlecht, wie unkomfortabel und bescheiden die Bislicher vor einem Jahrhundert über die Runden kommen mussten. Wie eine Mahnung, dass die gute alte Zeit vermutlich nicht besonders gut und vor allem nicht sehr bequem gewesen ist, steht ein Nachttopf unter einer thronartigen Holzkonstruktion, bei dem eine zurechtgeschnittene Tageszeitung abschließend für die nötige Hygiene sorgen musste.

Das Bislicher Museum unterscheidet sich von anderen, ähnlich romantisch veranlagten Museen aber nicht nur durch zwei angeschlossene Neubauten, das Rhein-Deich-Museum und das Ziegelmuseum. Es zeigt auch eine einzigartige und in sich geschlossene Spezialsammlung. In dieser wird die niederrheinische Vogelwelt, ergänzt durch einige außerrheinische Schauvögel, in geschätzten 300 Exponaten vorgestellt. Der Landwirt Bernard Holland (1879–1954) begann schon als junger Mann, Vögel zu sammeln und zu präparieren. Unterstützt von einem professionellen Präparator der Vogelwarte Helgoland, entstand ein wunderbar beseeltes, vogelkundliches Lehrstück, das den Grundstock der heutigen Bislicher Sammlung darstellt. Bernard Holland junior (1918–1982) war von Vögeln ebenso begeistert wie sein Vater. Er baute die Sammlung aus und schenkte sie dem Museum, das sie seit 1991 betreut.

Adresse Dorfstraße 24, 46487 Wesel-Bislich, Tel. 02859/1519, www.bislich.de | ÖPNV Bus 86, Haltestelle Bislich Ortsmitte | Anfahrt A3, Ausfahrt Wesel, B58 bis kurz vor Wesel, rechts auf die Hagerstownstraße (L7) und die Emmericher Straße (B8), bei Diersfordt links in die Mühlenfeldstraße (L480) Richtung Bislich, dort links in die Dorfstraße | Öffnungszeiten Mai–Okt. Sa, So, Feiertage 14–17 Uhr, Nov.–April So 11–16 Uhr | Tipp Die ehemalige Wehrkirche St. Johannes in Bislich, eine romanische Basilika aus der zweiten Hälfte des 12. Jahrhunderts, liegt nahe am Deich und hat eine bewegte Vergangenheit. 1688 vom Rheinwasser geflutet, mehrfach restauriert, im März 1945 fast vollständig zerstört, besitzt sie immer noch original romanische Anteile im Turm und im nördlichen Seitenschiff.

99 Das Schill-Denkmal

Tod am Nachmittag

Elf Offiziere warfen am Nachmittag des 16. September 1809 ihre Mützen in die Luft und gaben damit selbst das Kommando zu ihrer Erschießung. Nur einer, der erst 18-jährige Leutnant Albert von Wedell, war nicht sofort tot. Er soll sich verwundet erhoben und das französische Erschießungskommando nochmals aufgefordert haben, auf sein Herz zu zielen.

An der Stelle ihres Todes auf der Lippeschen Wiese bei Wesel wurde 1835 ein Denkmal errichtet, das die Schill'schen Offiziere bis heute ehrt. Gegenwärtig zeichnen sich die Ehrungen durch vornehme Zurückhaltung aus, aber immer wenn die Franzosen besiegt waren, fand sich der patriotische Niederrhein zu großen Festen auf der Wiese ein. Sobald es gegen Frankreich ging, ließ man den draufgängerischen Offizier besonders hochleben. Schill hatte nicht nur den napoleonischen Truppen durch überraschende Aktionen zugesetzt. Selbst durch einen Säbelhieb in der Schlacht bei Auerstedt 1806 schwer verletzt, hatte er sich bis nach Kolberg in Ostpreußen durchgeschlagen, um sich dort bei seiner Einheit zu melden.

Ferdinand von Schill (1776–1809) hatte als Kommandant eines Husarenregiments eine Art Guerillakrieg nach spanischem Vorbild gegen die napoleonischen Besatzungstruppen geführt. Für seine erfolgreichen Überfälle war er von König Friedrich Wilhelm III. mit dem Orden »Pour le Mérite« ausgezeichnet worden, dem höchsten militärischen Orden, den die Preußen zu vergeben hatten. Die Franzosen hatten im Gegenzug die enorme Summe von 10.000 Francs für seinen Kopf versprochen. Tatsächlich wurde dieser Kopf am 1. Juni 1809 wie in einem antiken Drama an Jérôme Bonaparte geschickt, den König des neu geschaffenen Königreichs Westphalen. Ferdinand von Schill war bei dem Versuch, die wenige Tage zuvor von ihm eroberte Stadt Stralsund durch einen waghalsigen Ritt zu verlassen, von einer Kugel tödlich getroffen worden.

Adresse Schillwiese, 46487 Wesel | ÖPNV Bus 82, 83, Haltestelle Niederrheinhalle | Anfahrt A 3, Ausfahrt Wesel, B 58 bis Franz-Etzel-Platz, weiter auf der Dinslakener Landstraße, links in die Kurt-Kräcker-Straße (Bahnunterführung), am Kreisverkehr rechts auf An de Tent, rechts auf die Schillwiese (Parkplatz) | Tipp Im »Lippeschlösschen« an der Lippebrücke südlich der Schillwiese erinnert äußerlich wenig an die Vergangenheit als Offizierskasino der Besatzung des Forts Blücher, einiges aber an die große Zeit als Tanzlokal in den 1960er und 1970er Jahren. Heute wird hier mit Bioprodukten des Niederrheins ökologisch zeitgemäß gekocht.

100 Das Schwarze Wasser

Ein schöner See

Nicht überall ist Niederrhein. Es gibt Orte, die so untypisch für diese Gegend sind, dass man glauben könnte, in einer anderen, weit entfernten Landschaft zu sein, in Aquitanien oder im Languedoc. Das liegt an den lichten Kiefern und den vor einigen tausend Jahren aufgewehten Flussdünen, die diesen einzigartigen Heideweiher umgeben.

Im Bereich des Schwarzen Wassers wachsen alte Buchen und Eichen, beeindruckende Solitärbäume, deren Früchte aus Mastschweinen einst außergewöhnliche Delikatessen machten. In ihrer Nähe entdeckt man seltene Hirschkäfer und noch seltenere Baumfalken. Seinen Namen hat der See von der dunklen Färbung, die durch Huminsäuren entsteht, wenn Pflanzenreste in Mooren nicht vollständig abgebaut werden können. Bei Gewitter und Unwettern entwickelt der See seine fotogene Stärke – dann reflektiert das Licht von einer unheimlichen Fläche, und man begreift das Drohende und Märchenhafte von Moorwäldern.

Im Zweiten Weltkrieg fand über diesem Wald die größte alliierte Luftlandeaktion der Geschichte statt. Am 24. März 1945 sprangen 12.000 britische und 11.000 amerikanische Fallschirmjäger über zehn markierten Landezonen ab. Auf Flughäfen in Frankreich und England waren Lastensegler, Schleppflugzeuge, Transportflugzeuge und Spitfire-Jäger als Begleitschutz gestartet, denen mehr als 200 Liberator-Bomber folgten. Drei Stunden dauerte es, bis die 300 Kilometer lange Luftarmada einen alliierten Kontrollpunkt überflogen hatte. Verteidigt wurde das Gebiet von der 84. deutschen Infanteriedivision, die sich im dichten Wald eingegraben hatte.

Die Nahkämpfe sollen zu den grausamsten am Niederrhein gezählt haben. Soldaten, die sich bereits ergeben hatten, wurden kurzerhand erschossen. Mit der geglückten, wenn auch verlustreichen Landeaktion war der Weg frei für die Alliierten ins Ruhrgebiet und somit nach Berlin.

Adresse Flürener Heide, nördlich von 46487 Wesel | ÖPNV Bus 63, 85, 86, Haltestelle Flürener Weg | Anfahrt A 3, Ausfahrt Wesel, auf der B 58 Richtung Wesel, beim Kaiserring rechts, rechts auf die B 8 (Reeser Landstraße) bis zur Emmericher Straße, weiter auf der Bocholter Straße, links auf die Straße Kanonenberge, von dort Wanderweg zum Schwarzen Wasser | Tipp Südlich des Schwarzen Wassers, an der Reeser Landstraße 188, liegt das »Restaurant Art«, das seit Jahren zu den besten Restaurants am Niederrhein gehört und eine kreative Küche mit elegantem Ambiente verbindet.

101 Die Wallfahrtskirche in Ginderich

Der älteste Wallfahrtsort

Ein bisschen irritiert darf man sein. An diesem für die Marienverehrung am Niederrhein so bedeutenden Ort lagert unmittelbar neben der Kirche unter Planen und den landschaftstypischen Autoreifen das, was bald zur Verbesserung der Luftqualität auf die Felder geworfen wird. Unter Umständen muss man die Luft anhalten und sich das direkte Umfeld der Kirche schöngucken.

Diese Verortung im allzu Tierischen tut der Bedeutung Ginderichs allerdings keinen Abbruch. Er ist der älteste Marienwallfahrtsort am Niederrhein. Von der Entstehungsgeschichte der Gindericher Marienverehrung ist heute nichts mehr bekannt. Der Kölner Erzbischof Philipp von Heinsberg sprach in einer ersten urkundlichen Erwähnung 1190 aber bereits von Wundern, die den in Ginderich darum Bittenden geschahen. Leider ist das ursprüngliche Gnadenbild nicht mehr erhalten, denn die heutige Figur, eine kölnische Sitzmadonna, stammt aus dem frühen 14. Jahrhundert. Kunsthistorisch bemerkenswert sind neben dem Gnadenbild vier spätgotische Holzplastiken, die dem Klever Meister Dries Holthuis und seiner Werkstatt zugeschrieben werden.

365 Jahre lang waren die Wallfahrten in Ginderich verboten, dann wurden sie nicht durchgeführt, weil die Kirche nicht mehr zum exklusiven Kreis niederrheinischer Wallfahrtsorte zählte. Der protestantische Große Kurfürst, Friedrich Wilhelm I. von Brandenburg und Herzog von Preußen, hatte sie Mitte des 17. Jahrhunderts mit anderen Wallfahrten in seinem Herrschaftsbereich am Niederrhein untersagt. Der Vorwand war der Verdacht des Aberglaubens, der von der protestantischen Obrigkeit gern gegen die katholische Volksfrömmigkeit erhoben wurde, aber es sollte auch gezeigt werden, dass die weltliche Macht, wenn es darauf ankommt, über jeder kirchlichen steht. Seit 2005 wird die Wallfahrt wieder durchgeführt.

Adresse Schulplatz 9, 46487 Wesel-Ginderich, Tel. 02803/4554 (Ansprechpartner für die Wallfahrt: Herr Heinrich Henrichs), www.pfarrei-stulrich.de | ÖPNV SB 6, Bus 65, 66, 67, Haltestelle Ginderich Post | Anfahrt A 57, Ausfahrt Alpen, Richtung Wesel, hinter Büderich links auf die Xantener Straße, in Ginderich rechts über Büdericher Straße und Marienstraße zur Kirche | Öffnungszeiten zu den Wallfahrten Mi, Sa, So 10–18 Uhr, Gottesdienste siehe Website | Tipp Der rot-weiß gestreifte Sendemast des Senders Wesel am Perricher Weg in der Nähe von Ginderich ist mit 320,8 Metern das höchste Bauwerk Nordrhein-Westfalens.

102 Klein-Jerusalem

Die ersten und die letzten Tage

Vom Leben, darf man annehmen, hat er eine Menge gesehen. Und vermutlich waren es die dunklen und abgründigen Seiten, die den Menschen eher als ein Geschöpf der Hölle als eines des Himmels erscheinen lassen. Gerhard Vynhoven (1596–1674) war Feldkaplan des berühmt-berüchtigten Reitergenerals Jan von Werth im Dreißigjährigen Krieg. Nachdem seine Kirche in Osterath zerstört worden war, schloss er sich dem legendären Heerführer an und erlebte die Schlachten und Massaker am Niederrhein mit, bei denen die Kavallerie des Erzbischofs von Köln, Ferdinand von Bayern, unter von Werths Führung den Feinden gnadenlos nachsetzte und sie niedermetzelte.

Nach dem Ende des Krieges 1648 pilgerte Vynhoven nach Jerusalem und brachte von dort die Idee mit, die heiligen Stätten von Bethlehem und Jerusalem in einem möglichst exakten Nachbau zu vereinigen. Anfang und Ende, Leben und Sterben, die ersten und die letzten Tage Jesu sollten ihren sinnbildlichen und mit Händen greifbaren Ausdruck in einer bemerkenswerten Kapelle finden. Die Illusion sollte perfekt sein, erschütternd und ergreifend. Klein-Jerusalems Ruf, in diesem Willicher Gotteshaus den heiligen Stätten tatsächlich ganz nah sein zu können, hatte auf Vynhovens Zeitgenossen eine Wirkung, wie sie heutigen 3-D-Animationen vergleichbar ist. In der Unterkirche sind die Geburtsgrotte mit dem Stern und die Krippennische mit dem Dreikönigsaltar nachgebildet.

Vynhoven bestimmte diesen Geburtsort zu seiner letzten Ruhestätte und mahnt die Betenden auf seiner Grabtafel: »Ich bin, was du sein wirst, ein wenig Asche.« In die Oberkirche eingebaut ist das Heilige Grab von 1661, einer durch die Jahrhunderte veränderten und ergänzten Kreuzigungsgruppe gegenüber.

Die Reise nach (Klein-)Jerusalem erfreute sich besonders im 17. und 18. Jahrhundert großer Beliebtheit, an Christi Himmelfahrt ist die Kapelle auch heute noch das Ziel von Pilgern.

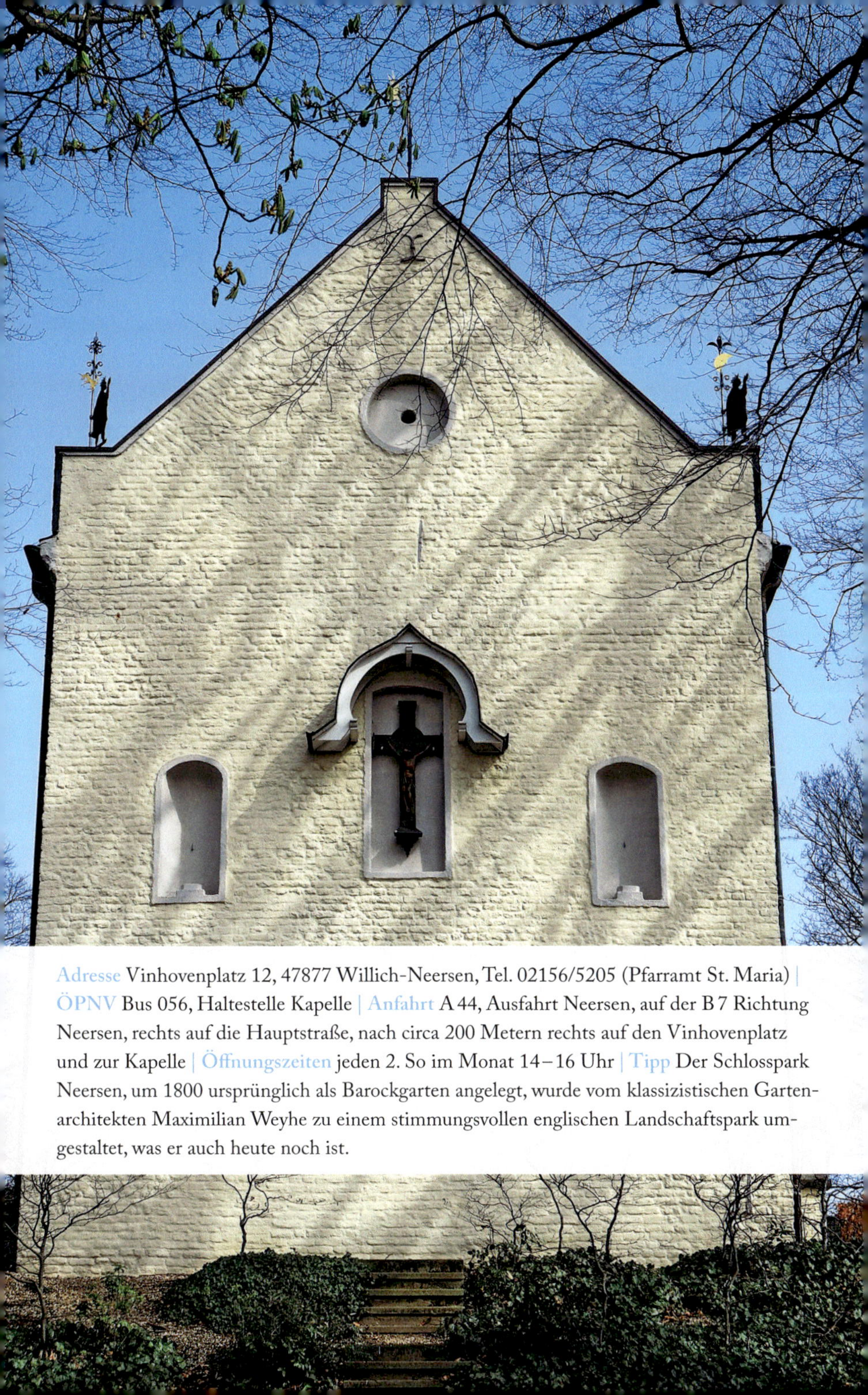

Adresse Vinhovenplatz 12, 47877 Willich-Neersen, Tel. 02156/5205 (Pfarramt St. Maria) | ÖPNV Bus 056, Haltestelle Kapelle | Anfahrt A 44, Ausfahrt Neersen, auf der B 7 Richtung Neersen, rechts auf die Hauptstraße, nach circa 200 Metern rechts auf den Vinhovenplatz und zur Kapelle | Öffnungszeiten jeden 2. So im Monat 14–16 Uhr | Tipp Der Schlosspark Neersen, um 1800 ursprünglich als Barockgarten angelegt, wurde vom klassizistischen Gartenarchitekten Maximilian Weyhe zu einem stimmungsvollen englischen Landschaftspark umgestaltet, was er auch heute noch ist.

103 Der Archäologische Park

Die wiederentdeckte Stadt

Irgendwann war Gras über die Sache gewachsen. Die um 100 nach Christus von Kaiser Trajan gegründete und nach ihm benannte Soldatenstadt Colonia Ulpia Traiana wurde in der Mitte des 4. Jahrhunderts von den Römern endgültig aufgegeben. Sie war neben Colonia Claudia Ara Agrippinensium, dem heutigen Köln, und Colonia Augusta Treverorum, dem heutigen Trier, die drittgrößte Kolonie auf deutschem Boden und vermutlich vor ihrer Räumung zerstört worden. Schlussendlich wurden die Häuser und Bauwerke abgetragen und deren Steine andernorts verbaut.

Aus archäologischer Sicht ist es ein Glücksfall, dass die alte nicht von einer neuen Stadt überlagert wurde, wie das in Köln und Trier geschehen ist. Hobbyarchäologen scharrten schon im 19. Jahrhundert vergnügt in der Erde und versuchten sich an einer von Neugierde getriebenen Bestands- und Souvenir-Sicherung. Aber erst mit der kommunalen Neugliederung in den 1970er Jahren konnte man sich nachhaltig und wissenschaftlich der alten Anlage zuwenden und mit den beginnenden Ausgrabungen auch gleich den »Archäologischen Park Xanten« mitdenken. In der plötzlich heftig einsetzenden Römer-Euphorie sahen manche schon ein »Pompeji des Nordens« aus den Xantener Wiesen wachsen.

Die Colonia Traiana ist zwar das bedeutendste Bodendenkmal seiner Art und unterirdisch so aufschlussreich wie ein dickes, sich immer weiter fortschreibendes Buch, aber überirdisch sind alle heute sichtbaren Bauwerke Rekonstruktionen. Von Anfang an wurde der Park mit Leben gefüllt. Immer wieder begegnet man deshalb Menschen in Rüstungen oder dekorativen Umhängen, die zeigen, wie es die alten Römer machten: Es wird römisch gebacken, gekämpft und gewohnt. Das Ganze hat einen informativen Eventcharakter, und wer neben den kleinen, anschaulichen Inszenierungen mehr über die römische Kultur erfahren möchte, kann das familientaugliche Museum im Park besuchen.

Adresse Am Amphitheater, 46509 Xanten, Tel. 02801/9889213 (Besucherservice), www.apx.lvr.de | **ÖPNV** Bus SL 42, Haltestelle Archäologischer Park | **Anfahrt** A 57, Ausfahrt Sonsbeck, Richtung Xanten, auf die L 491 und die L 480, links auf die B 57, nach circa 1 Kilometer links in Am Rheintor, rechts auf den Parkplatz | **Öffnungszeiten** März–Okt. täglich 9–18 Uhr, Nov. 9–17 Uhr, Dez.–Feb. täglich 10–16 Uhr | **Tipp** In der Nähe des Archäologischen Parks beginnt die Xantener Südsee, eine große Freizeitanlage mit Strandbad, Wasserski-Gelände und Surfschule.

104 Die Bislicher Insel

Wenn die Wildgänse kommen

Das Naturschutzgebiet der Bislicher Insel kann man östlich von der alten Fährstelle bis nach Ginderich mit dem Auto durchfahren. Mit etwas Glück wird man vor und auf den Wiesen einige Dutzend Ornithologen entdecken, die in der kalten Jahreszeit hier überwintern. Ihre Zahl steigt proportional zu den Blässgänsen aus Sibirien. In Tarnanzügen und manchmal auch in Tarnkappen-Jeeps unterwegs, sind sie auf der Suche nach seltenen Gänsen und fast ausgestorbenen Vögeln. Ihre oft gewaltigen Objektive richten sie auf Tiere in weiter Ferne, die im feuchten Gras oder im Wasser stehen und für den Laien alle gleich aussehen. Da man aber nur sieht, was man weiß, bricht gelegentlich unverstellte Begeisterung aus, wenn ein alter Bekannter mit weit ausgebreiteten Schwingen zum Landeanflug ansetzt oder eine seltene Gefiedervariante für Überraschung sorgt. Diese krasse und auch entwaffnende Begeisterung – ein besonders schönes Beispiel für eine ornithologische Weltschau gibt es in Alfred Hitchcocks Thriller »Die Vögel« in Gestalt der Ornithologin Mrs. Bundy – hat aus der ehemaligen Halbinsel ein einzigartiges, von Vogelfreunden gefördertes Naturschutzgebiet werden lassen.

Die Bislicher Insel verdankt ihren Namen dem Umstand, dass der Rhein früher einen anderen Weg nahm und die Insel, die längst keine mehr ist, zum Dorf Bislich gehörte. Die Bislicher haben also nicht nur den weltberühmten Knaben an die Lüttinger auf der anderen Rheinseite verloren, sondern auch das in vielerlei Hinsicht schönste Schutzgebiet am nördlichen Niederrhein an die Xantener.

Damit der bunte Homo picnicus seine Spuren nicht überall in den Feuchtgebieten hinterlässt, was er artbedingt gern tut, hat man ihm einige stabile Picknickhütten gebaut, aus denen heraus man ganz wunderbar die sensiblen und menschenscheuen Wasservögel beobachten kann, ohne die Tiere zu erschrecken. Denn das ist in diesem Naturschutzgebiet strengstens verboten!

Adresse zwischen 46487 Ginderich und 46509 Xanten | **ÖPNV** SL 40, Haltestelle Bislicher Insel | **Anfahrt** A 57, Ausfahrt Sonsbeck, Richtung Xanten, auf die L 491 und die L 480, dann auf die Gelderner Straße Richtung Bislicher Insel, rechts auf den Eylander Weg bis zum Naturforum, Fußweg ins Naturschutzgebiet | **Öffnungszeiten** ganzjährig jederzeit zugänglich | **Tipp** Im Naturforum Bislicher Insel informiert eine Dauerausstellung über die einzigartige Auenlandschaft.

105 Der Dom

Heilige und Ritter

Es ist natürlich zu schön, um wahr zu sein: Siegfried, der Drachentöter, der tragische Held der Nibelungen, unbesiegbar und nur hinterrücks zu ermorden, der deutscheste aller deutschen Helden, wurde vor dem Altar im Dom zu Xanten – nicht im gegenwärtigen, aber doch in einem Vorgängerbau – zum Ritter geschlagen. Siegfrieds Eltern, Siegmund und Sieglinde, waren König und Königin von Xanten, was die Stadt zumindest zu einem mythischen Königreich macht.

Glanz und Elend des deutschen Nationalepos »Das Nibelungenlied« begannen also hier. Allein deshalb ist St. Viktor ein nicht nur schöner und heiliger, sondern auch fabulöser Ort. Und als 1934 nur wenige Zentimeter hinter einem mittelalterlichen Stollen tatsächlich das Doppelgrab zweier erschlagener Männer entdeckt wurde, reichte das Sagenumwobene und Phantastische längst vergangener Zeiten bis in die damalige Gegenwart. Man sah in den Gebeinen den heiligen Viktor, einen Anführer der Thebäischen Legion, deren christliche Soldaten alle den Märtyrertod starben, sowie einen unbekannten Begleiter, zwei Heilige also, von denen Xanten, »ad sanctos«, seinen Namen hat. Erschlagen wurden sie vermutlich im 4. Jahrhundert, und schon früh wurde ihr Grab mit einer »Cella memoriae«, einer Art Grabhaus, überbaut, die erweitert und vergrößert die Urzelle des spätgotischen Doms darstellte.

Erst in der Mitte des 16. Jahrhunderts waren die Bauarbeiten abgeschlossen, und der Dom, der eine überaus prächtige Stiftskirche war, sah im Wesentlichen so aus, wie wir ihn heute kennen. Seine Ausstattung konnte trotz einiger Verluste durch die Zeiten gerettet werden. Unter den vielen hervorragenden Kunstwerken ragen der aus Antwerpen stammende Märtyreraltar und der von Heinrich Douvermann in Kalkar geschnitzte Marienaltar heraus, schön und poetisch, und für die, die sie heute betrachten, beeindruckend in ihrer uneingeschränkten religiösen Hingabe.

Adresse Kapitel 8, 46509 Xanten, Tel. 02801/71310, www.sankt-viktor-xanten.de | ÖPNV Bus SL 42, Haltestelle Dom | Anfahrt A 57, Ausfahrt Sonsbeck, auf der L 491 und der L 480 Richtung Xanten, in Xanten links auf die Poststraße, am Europaplatz auf die Siegfriedstraße, dann rechts auf die Rheinstraße | Öffnungszeiten außerhalb der Gottesdienste Mo–Sa 10–18 Uhr, So 12.30–18 Uhr | Tipp Eines der schönsten Gebäude in Xanten, das »Gotische Haus« aus dem 15. Jahrhundert am Markt 6, wird aktuell wieder als Café und Restaurant genutzt.

106 Das »Hotel van Bebber«

Haus der Geschichte

In seinen ersten hundert Jahren hieß das Hotel »Niederrheinischer Hof«. Das wäre auch heute wieder ein passender Name, wenn man das Ideal eines gehobenen bürgerlichen Hotels mit eleganter Bodenhaftung benennen und lokal verorten wollte. Wer als Reisender häufig durch die uniforme Hotelketten-Landschaft stolpert, wird im »Van Bebber« eine Art Urtypus dessen entdecken, was man bilderbuchmäßig und durchaus nostalgisch mit gehobener Gastlichkeit assoziiert.

Im Vergleich zu den durchgestylten Bettenbuden erscheint das »Van Bebber« mit seiner nun 225-jährigen Geschichte wie der überreiche und vornehme Onkel sonst eher ärmlicher und konventioneller Verwandter. Das Hotel hat jenen feierlich gestimmten Grundton, den man zu besonderen Anlässen schätzt, wenn es etwas privater, aber auch ganz offiziell sein darf.

Man wohnt in sehr schönen Zimmern und Suiten, modern gestylt mit Designklassikern und optischen Bezügen zur Xantener Umgebung, mit viel Historie, aber absolut zeitgemäß. In manchen Räumen, die mit schönen Stuckdecken, ausgesuchten Antiquitäten, Genrebildern und Adels-Porträts ausgestattet sind, wird an die eigene Tradition erinnert. Man lebt auch heute ganz in dem Bewusstsein, die Zeiten auf jeden Fall zu überdauern. Das Restaurant »Vittorio« mit gehobener französisch-italienischer Küche ist sicher das schönste und gediegenste Restaurant in Xanten.

Leider hat sich in den vergangenen Jahrhunderten niemand die Mühe gemacht, die Aufenthalte der prominenten Gäste zu dokumentieren, die hier einkehrten. Der Besuch der späteren britischen Königin Victoria – als junge Frau von 15 Jahren reiste sie inkognito als Herzogin von Lancaster – soll für 1834 verbürgt sein. Der des britischen Premierministers Winston Churchill im März 1945, während der Großoffensive der Alliierten, wird zumindest angenommen. Denn wo sonst, wenn nicht hier, sollte er in Xanten gegessen haben?

Adresse Klever Straße 12, 46509 Xanten, www.hotelvanbebber.com | ÖPNV Bus SL 42, Haltestelle Dom | Anfahrt A 57, Ausfahrt Sonsbeck, auf der L 491 und der L 480 Richtung Xanten, in Xanten links auf die Poststraße, am Europaplatz auf die Siegfriedstraße, rechts auf die Rheinstraße und wieder rechts auf die Klever Straße | Öffnungszeiten Restaurant: Di 17.30–22 Uhr, Mi–So 12–14 und 17.30–22 Uhr | Tipp Das Klever Tor von 1393 ist das einzige erhaltene Stadttor und gehört zu den ältesten des Rheinlands. Im inneren Teil der Doppeltoranlage sind heute Ferienwohnungen untergebracht.

107 Der Jüdische Friedhof

Passage zum Himmel

Nur wer vergessen ist, ist wirklich tot. Damit dieser in jeder Hinsicht bedauerliche Zustand nicht eintritt, dürfen jüdische Gräber nicht aufgegeben oder entfernt werden. Das ist im orthodox-jüdischen Sinn sogar unmöglich. Sie sind gewissermaßen für die Ewigkeit da, und ein jüdischer Friedhof wird dementsprechend als »Haus des Lebens« oder als »Haus der Ewigkeit« bezeichnet. Selbst wenn er planiert und überbaut wurde, bleibt er immer ein Friedhof, ein für alle Zeiten heiliger und von Seelen bewohnter Ort.

Die kleinen Steine, die Besucher mitbringen und auf die Grabsteine legen, sind Ausdruck dafür, dass ein Grabstein nicht verschwindet, sondern durch diese Geste des Erinnerns in einem bildhaften Sinn wächst. Symbolhaft wird ergänzt, was die Zeit ganz zwangsläufig durch Wind und Wetter nimmt. Jüdische Friedhöfe sind, selbst wenn sie sehr alt sind und unter Denkmalschutz stehen, nie historisch, so wie alte christliche Friedhöfe – und deshalb wäre es ein Sakrileg oder zumindest eine unverzeihliche Missachtung der Toten, den Friedhof, auch wenn dort längst keine Beerdigungen mehr stattfinden, ohne Kopfbedeckung zu betreten.

Möglicherweise ist der Xantener der älteste jüdische Friedhof am Niederrhein. Die Quellen jüdischen Lebens und Sterbens reichen bis ins 11. Jahrhundert zurück, als aus Köln geflüchtete Juden sich in Xanten niederlassen wollten. Obwohl sie unter dem Schutz des Kölner Erzbischofs standen, konnten sie sich dem aufgebrachten Mob, der nach fast 1.000 Jahren Rache für ihren gekreuzigten Heiland nehmen wollte, nur durch Selbsttötung entziehen. Denkbar wäre, dass diese ersten Pogromopfer schon hier begraben wurden.

Eine jüdische Gemeinde gibt es in Xanten nicht mehr. Die Gründe sind nicht fassbar, aber bekannt. Wie eine letzte Erinnerung stehen die Grabsteine unter Bäumen im Wind, kreisförmig und fast geheimnisvoll um einen einzigen Stein, der dunkel und bemoost in ihrer Mitte liegt.

Adresse Heeser Weg (Am Heesberg), 46509 Xanten | **ÖPNV** Bus 36, 43, Haltestelle Holzweg | **Anfahrt** A 57, Ausfahrt Sonsbeck, auf der L 491 und der L 480 Richtung Xanten, beim Heeser Weg rechts bis zum Ende der Siedlung, ab hier zu Fuß zum Friedhof | **Öffnungszeiten** rund um die Uhr zugänglich | **Tipp** Nahe beim Jüdischen Friedhof verläuft ein Wanderweg durch das Gebiet der Hees und der Birtenschen Heide zum alten römischen Amphitheater des Legionslagers Castra Vetera bei Birten.

108 Das »Landhaus Köpp«

Campingplatz mit Sterneküche

Camper rühren bekanntlich am liebsten im eigenen Topf. Die Propangasflamme gehört zur Grundausstattung, und ohne Not räumt niemand den angewärmten Liegestuhl. Und so wird es vermutlich unter ihnen nur sehr wenige geben, die im Landhaus Köpp essen, einem Gourmetrestaurant, das sich als einziges am nördlichen Niederrhein mit der höchsten kulinarischen Auszeichnung schmücken darf. Seit 1996 zeichnet der weltweit tonangebende französische Restaurantführer Michelin – gewissermaßen die oberste Restaurant-Instanz – das Landhaus mit einem Stern aus. Damit gehört Jürgen Köpp zu den gegenwärtig 327 besten und besternten deutschen Köchen.

Dass er auch Besitzer und Betreiber des hinter dem Landhaus liegenden Campingplatzes ist, macht die Sache auch international einmalig. Vermutlich gibt es sonst nirgendwo ein Feinschmeckerrestaurant mit Campingplatz und nirgendwo einen Campingplatz mit Feinschmeckerrestaurant. Natürlich kann man hier trotz räumlicher und familiärer Nähe nicht einfach mit Trainingshose und Adiletten hereinspazieren. Das verbieten schon die aufwendig eingedeckten Tische und die besser gekleideten Kellner. Außerdem haben Köpps mehrgängige Menüs ihren hohen, wenn auch durchaus angemessenen Preis, der auch eine Kühlschrankfüllung für Feinschmecker im Wohnwagen finanzieren würde.

Bevor Jürgen Köpp die alteingesessene Wirtschaft seiner Eltern übernahm und seinen eigenen Hochküchen-Ambitionen folgte, war das »Köpp« eine Bauern- und Fischerkneipe, in der die Salmfischer, als es vor Obermörmpter im Rhein noch Salme gab, ihre Fänge mit Korn und Genever begossen. Hinter dem Haus, am Ufer gegenüber von Rees, gab es einst die besten Fanggründe am Niederrhein, und da der Fisch zu allen Zeiten teuer und begehrt war, brachte er den Rheinfischern einen relativen Wohlstand, von dem auch die alte Kneipe der Köpps jahrzehntelang profitierte.

Adresse Husenweg 147, 46509 Xanten-Obermörmter, Tel. 02804/1626, www.landhauskoepp.de | ÖPNV SL 42, Haltestelle Husenweg | Anfahrt A 57, Ausfahrt Sonsbeck, auf der L 491 und der L 480 Richtung Xanten, links auf die B 57 Richtung Kalkar, hinter Marienbaum rechts auf die Reeser Straße, halb rechts auf den Papenweg und der Beschilderung folgen | Öffnungszeiten Di–Fr 12–14.30 und 18–21.30 Uhr, Sa 18–21.30 Uhr, So 12–14.30 Uhr | Tipp Bei Obermörmter beginnt die Reeser Schanz, ein Naturschutzgebiet im Überschwemmungsbereich des Rheins.

109 Der Lüttinger Knabe

Von der Kneipe ins Museum

Nur ein bronzener Armstumpf ragte bei Niedrigwasser aus dem Boden. Der Körper lag mit dem Kopf stromabwärts unter Sand und Schlamm, luftdicht verschlossen und gut konserviert.

Sechs Lachsfischer aus Bislich und Lüttingen gruben am 16. Februar 1858 einen lebensgroßen Bronzeknaben aus, der hier in der Nähe der Bislicher Fähre möglicherweise schon seit fast 2.000 Jahren im Flusssand lag – nackt, glänzend, das Haar sinnlich mit Früchten bekränzt. Der Lustknabe wurde von den Fischern in die nahe Kneipe des Fährpächters gebracht und etwas derb und zotig mit Schnaps versorgt. Dass der Wirt, der eine dauerhafte Attraktion für seine Kneipe ahnte, nur drei Flaschen Genever im Tausch für die Bronzefigur geben wollte, machte aus dem Bislicher Knaben schnell einen Lüttinger. Denn die Fischer, vielleicht verärgert, weil man sie so billig über den Tisch ziehen wollte, packten den Bronzejungen kurz entschlossen unter den Arm und wechselten das Ufer.

In Lüttingen wurde er in einer ihrer Fischerhütten gegen Eintrittsgeld ausgestellt, und der erwachte, etwas schlüpfrige Geschäftssinn brachte die schnapsseligen Männer auf die Idee, den nackten Jüngling mit einem Lendenschutz zu kaschieren. Wer ihn heben wollte, um zu sehen, was den Knaben zum Knaben machte, musste 20 statt 10 Pfennig Eintrittsgeld zahlen. Die Obrigkeit hatte allen Grund, sich um die moralische Integrität der Lüttinger Sorgen zu machen. Die Sache wurde gemeldet, und der entsandte Regierungsrat betrachtete den Knaben ausführlich, erkannte seinen kunsthistorischen Wert und war vermutlich der Erste, der in seinem Bericht an die preußische Regierung vom »Lüttinger Knaben« sprach. Bereits nach acht Monaten wurde die Figur für 4.000 Taler erworben und nach Berlin gebracht. Als besterhaltene Großbronze der Antikensammlung im Neuen Museum ist sie heute neben der Büste der ägyptischen Königin Nofretete ein museales Highlight.

Adresse Pantaleonstraße, 46509 Xanten-Lüttingen | ÖPNV SL 40, Haltestelle Lüttingen Schule | Anfahrt A 57, Ausfahrt Sonsbeck, auf der L 491 und der L 480 Richtung Xanten, links auf die B 57, hinter dem APX rechts nach Lüttingen, an der Pantaleonstraße links bis zum Wendehammer | Tipp Die Dorfkirche St. Pantaleon ruht auf fünf übereinanderliegenden Böden und wird in ihrem Ursprung auf das Jahr 1000 datiert, das gotische Mittelschiff auf 1473. Die Gründung geht auf Erzbischof Bruno von Köln zurück.

110__Die Nordsee

Mehr im Norden, mehr im Süden

Es ist der Segen alter Kiesgruben, dass mit ihrer Bewässerung die gesamte maritime Freizeitkultur am Niederrhein entstand. Man kann dort schwimmen, tauchen, segeln, surfen, nackt oder bekleidet auf Sandstränden herumliegen, in Strandcafés sitzen und Beachpartys feiern wie auf Mallorca oder auf Sylt. Zwischen Vynen und Wardt fehlen allenfalls Ebbe und Flut. Auf 100 Hektar Wasserfläche, was einer Million Quadratmetern entspricht, darf man sich fühlen wie Georg Forster, der der erste deutsche Weltumsegler war. Oder wie der Nonstop-Segler Wilfried Erdmann. Oder wie Käpt'n Blaubär.

Die Xantener Nordsee ist zwar kleiner als der Weseler Auesee, aber groß genug für ein richtiges Fahrgastschiff, die »Seestern«, die Rundreisen anbietet und beide Häfen anläuft. Man braucht also kein eigenes Schiff und nicht einmal eine Luftmatratze, um die Nordsee auch in ihren kleinsten Wellen genießen zu können. Boote kann man selbstverständlich leihen und das Segeln auch für weite Törns lernen. Die immer erfrischenden Windverhältnisse setzen auf der Xantener Nordsee durchaus Fachkenntnisse und Geschick voraus, um die Jollen und Kajütboote sicher auf Kiel und Kurs zu halten. Im Herbst, wenn die Stürme den Niederrhein für Segler und Surfer erst so richtig attraktiv machen, finden zahlreiche Regatten statt, an denen mehrere hundert Boote aus ganz Deutschland teilnehmen. Die Nordsee hat den eleganten und polyglotten Charme, den Segler von Haus aus mitbringen und schätzen. Es geht hier eben nordisch zu.

Ganz anders an der Xantener Südsee zwischen Wardt und Lüttingen. Das große Strandbad ist bis zum Wickeltisch familientauglich und wird entsprechend frequentiert. Für Abwechslung und endlose Unterhaltung sorgt die immer umlagerte Wasserskianlage. Auf schnellen Brettern unterhalten virtuose Sportskanonen hier ein aufrichtig begeistertes und mitgehendes Publikum.

Adresse zwischen den Ortsteilen Dynen und Wardt, 46509 Xanten | ÖPNV Bus SL 42, Haltestelle Hafen Wardt | Anfahrt A 57, Ausfahrt Sonsbeck, auf der L 491 und der L 480 Richtung Xanten, an der B 57 links Richtung Kalkar, hinter dem APX rechts auf den Barkscher Weg (K32), vor Wardt rechts auf Am Meerend abbiegen und zum Bootshafen | Öffnungszeiten Bootsverleih: Ende März–Ende Sept. täglich (nach Witterung), in der Vor- und Nachsaison Fr 14–19, Sa, So und Feiertage 12–19 Uhr | Tipp Der Biergarten des »Landhaus Spickermann« (Dahmenhofweg 2) ist in den Sommermonaten ein sehr beliebter und stark frequentierter Treffpunkt.

111 Das Stiftsmuseum

Poetische Dogmen

Es gibt gegen das im Mai 2010 eröffnete Stiftsmuseum einen quantitativen Einwand: Es ist viel zu klein. Man würde es sich mindestens doppelt so groß wünschen, denn am Ende der Ausstellung angekommen, ist man leicht enttäuscht, dass es nicht weitergeht.

Aber mit diesem Einwand benennt man indirekt auch seine qualitative Größe. Groß ist es in einem musealen Sinn, der natürlich durch die fulminanten Bestände des Stifts gestützt und begründet wird. Groß ist es aber auch in seiner innenarchitektonisch klaren, auf das Wesentliche reduzierten, fast poetischen Präsentation. Es schafft, ähnlich wie das Kolumba-Museum in Köln – wenngleich dessen Intention eine andere als die eines auch seine eigene Geschichte vermittelnden Stiftsmuseums ist –, einen exzellenten optischen und bis in jede Nuance durchdachten ästhetischen Rahmen, der den Ausstellungsstücken schon auf Erden Gerechtigkeit widerfahren lässt.

In zehn Räumen werden ausnahmslos bedeutende und ästhetisch hervorragende Stücke gezeigt: angefangen vom römischen Jupiter-Altar, der in der Nähe von Xanten gefunden wurde, über zahlreiche Reliquiare und eindrucksvolle niederrheinische Holzskulpturen bis zur alles überragenden Kasel des heiligen Bernhard von Clairvaux (1090–1153), die wie ein goldenes Lichtsegel in einer wunderbar zurückhaltend ausgeleuchteten Vitrine zu schweben scheint. Die Kasel, das liturgische Messgewand, wurde von Bernhard während seiner Predigt anlässlich des Zweiten Kreuzzugs in Brauweiler getragen und kam von dort in das Xantener Stiftsmuseum.

Die Ausstellungsstücke spiegeln die Schönheit und Poesie, die in früheren Jahrhunderten bemüht wurden, um die christliche Lehre und ihre Dogmen zu illustrieren und zu verbreiten. Ein entsprechender Katalog erläutert denen, die nach einem Museumsbesuch noch mehr wissen möchten, die Herkunft der Ausstellungsstücke und ihre religionsgeschichtlichen Zusammenhänge.

Adresse Kapitel 21, 46509 Xanten, Tel. 02801/9877820, www.stiftsmuseum-xanten.de | **ÖPNV** Bus SL 42, Haltestelle Dom | **Anfahrt** A 57, Ausfahrt Sonsbeck, auf der L 491 und der L 480 Richtung Xanten, in Xanten links auf die Poststraße, am Europaplatz auf die Siegfriedstraße, dann rechts auf die Rheinstraße | **Öffnungszeiten** Di–Sa 10–17 Uhr, So 11–18 Uhr | **Tipp** Am Nordwall befindet sich die Kriemhild-Mühle, die als Teil der Stadtbefestigung ursprünglich ein Wachturm war. 1804 wurde sie als Windmühle in Betrieb genommen, heute wird hier wieder täglich Korn gemahlen.

1
2
Emmerich am Rhein
Bocholt
Rhede
Isselburg
Borken
62
Kranenburg
64
63
Kleve
Rhein
Rees
Raesfeld
56
45
Kalkar
Hamminkeln
A3
Goch
Xanten
Wesel
A47
Weeze
Hünxe
Friedrichsfeld
Voerde (Niederrhein)
Alpen
Dinslaken
Kevelaer
Issum
Rheinberg
Geldern
Oberhausen
Kamp-Lintfort
Repelen
Kerken
Moers
Straelen
Neukirchen-Vluyn
DUISBURG
A40
Friemersheim
Hüls
Buchholz
Kempen
Uerdingen
Grefrath
Inrath/Kliedbruch
Krefeld
Lintorf
Nettetal
Sankt Tönis
Fischeln
Tönisvorst
Ratingen
Süchteln
A61
Anrath
Meerbusch
Willich
Unterrath
Dülken
Brüggen
Viersen
Büderich
Heerdt
Rath
Schwalmtal
Oberkassel
Kaarst
Niederkrüchten
MÖNCHENGLADBACH
Furth
DÜSSELDORF
Korschenbroich
Neuss
61
72
90
35
76
4
Wassenberg
89
Wegberg
Jüchen
3
Dormagen
Erkelenz
A46
Rhein
Heinsberg
34
30
2
31
N
Grevenbroich
Hückelhoven
0
5 km
Rommerskirchen

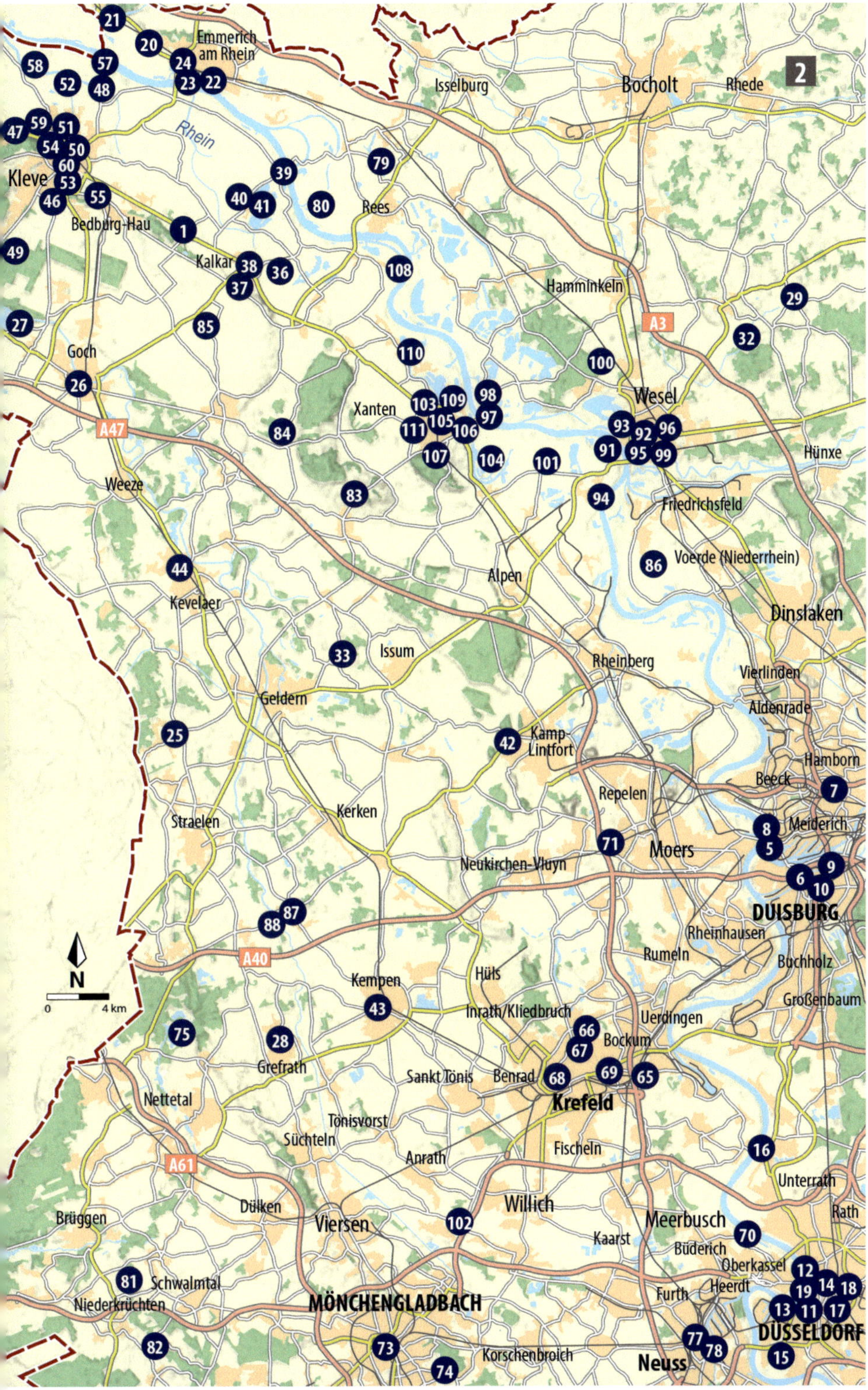
2
Emmerich am Rhein
Isselburg
Bocholt
Rhede
Rhein
Kleve
Bedburg-Hau
Rees
Kalkar
Hamminkeln
A3
Goch
Wesel
Xanten
A47
Hünxe
Weeze
Friedrichsfeld
Voerde (Niederrhein)
Alpen
Kevelaer
Dinslaken
Issum
Rheinberg
Vierlinden
Geldern
Aldenrade
Kamp-Lintfort
Hamborn
Beeck
Repelen
Kerken
Meiderich
Straelen
Moers
Neukirchen-Vluyn
DUISBURG
Rheinhausen
Rumeln
A40
Buchholz
N
Hüls
Kempen
Großenbaum
0
4 km
Inrath/Kliedbruch
Uerdingen
Bockum
Grefrath
Sankt Tönis
Benrad
Krefeld
Nettetal
Tönisvorst
Süchteln
Anrath
Fischeln
A61
Unterrath
Willich
Rath
Dülken
Brüggen
Viersen
Meerbusch
Kaarst
Büderich
Oberkassel
Schwalmtal
Heerdt
Niederkrüchten
MÖNCHENGLADBACH
Furth
DÜSSELDORF
Korschenbroich
Neuss
1
5
6
7
8
9
10
11
12
13
14
15
16
17
18
19
20
21
22
23
24
25
26
27
28
29
32
33
36
37
38
39
40
41
42
43
44
46
47
48
49
50
51
52
53
54
55
57
58
59
60
65
66
67
68
69
70
71
73
74
75
77
78
79
80
81
82
83
84
85
86
87
88
91
92
93
94
95
96
97
98
99
100
101
102
103
104
105
106
107
108
109
110
111

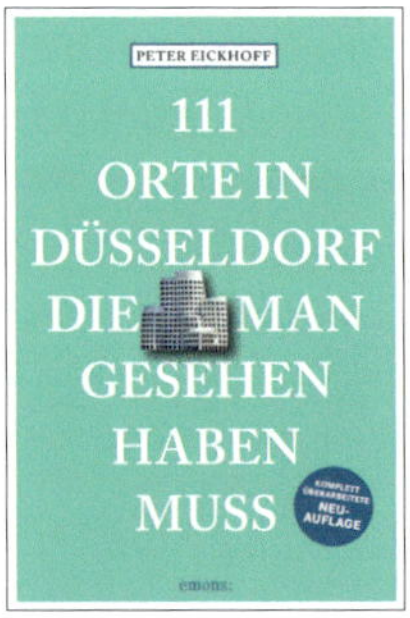

Peter Eickhoff
111 Orte in Düsseldorf, die man gesehen haben muss
ISBN 978-3-7408-0986-7

Jens Burmeister
111 Orte am Mittelrhein, die man gesehen haben muss
ISBN 978-3-7408-1745-9

Martin Nusch
111 Mal mit WDR 2 raus in den Westen
ISBN 978-3-7408-1962-0

Dina Knorr
111 Orte im Sauerland, die man gesehen haben muss
ISBN 978-3-7408-1509-7

Paul Stänner
111 Orte im Münsterland, die man gesehen haben muss
ISBN 978-3-7408-1833-3

Fabian Pasalk
111 Orte in Wuppertal, die man gesehen haben muss
ISBN 978-3-7408-1854-8

Rüdiger Liedtke
111 Orte auf Zollverein, die man gesehen haben muss
ISBN 978-3-7408-1637-7

Alexandra Schlennstedt, Jobst Schlennstedt
111 Orte in Bielefeld, die man gesehen haben muss
ISBN 978-3-7408-1653-7

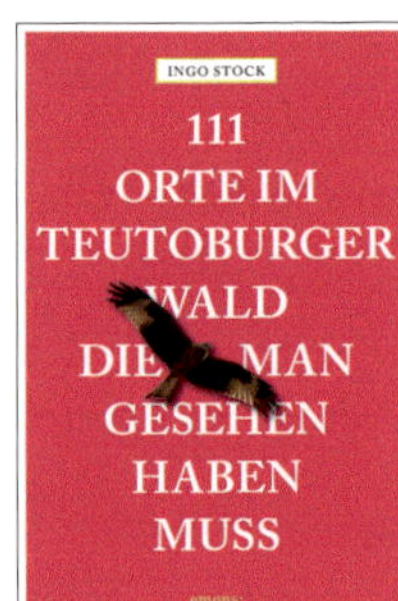

Ingo Stock
111 Orte im Teutoburger Wald, die man gesehen haben muss
ISBN 978-3-7408-1715-2

Bernd Imgrund
111 Orte in der Eifel, die man gesehen haben muss
ISBN 978-3-7408-1677-3

Alexandra Schlennstedt, Jobst Schlennstedt
111 Orte in Ostwestfalen-Lippe, die man gesehen haben muss
ISBN 978-3-7408-1648-3

Ralf Koss, Stefanie Kuhne
111 Orte im Bergischen Land, die man gesehen haben muss
ISBN 978-3-7408-1673-5

Martin Nusch
111 Mal mit WDR 2 raus in den Westen, Band 2
ISBN 978-3-7408-1465-6

Eckhard Heck
111 Orte in Bonn, die man gesehen haben muss
ISBN 978-3-7408-1418-2

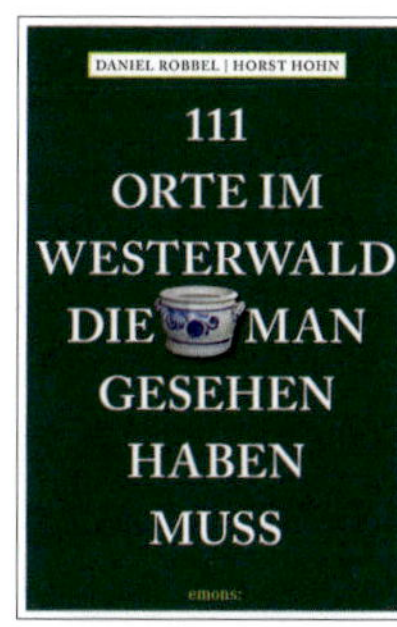

Daniel Robbel, Horst Hohn
111 Orte im Westerwald, die man gesehen haben muss
ISBN 978-3-7408-1229-4

Klaus Hardering, Petra Sophia Zimmermann
111 Orte im und am Kölner Dom, die man gesehen haben muss
ISBN 978-3-7408-1296-6

Dorothee Fleischmann, Carolina Kalvelage
111 Orte im Weserbergland, die man gesehen haben muss
ISBN 978-3-7408-1511-0

Ursula Gilbert, Michael Klein
111 Orte im Siebengebirge, die man gesehen haben muss
ISBN 978-3-7408-1871-5

Jörn Heller
111 Orte in Siegen-Wittgenstein, die man gesehen haben muss
ISBN 978-3-7408-0976-8

Carsten Sebastian Henn, Torsten Goffin
111 mal lecker essen in Köln
ISBN 978-3-7408-1181-5

Monika Schmitz
111 Kölner Kirchen, die man gesehen haben muss
ISBN 978-3-7408-0991-1

Stephanie Katerle
111 Orte in Paderborn, die man gesehen haben muss
ISBN 978-3-7408-0645-3

Rüdiger Liedtke
111 Heilige im Rheinland, die man kennen muss
ISBN 978-3-7408-0886-0

Bernd Imgrund
111 Kölner Orte, die man gesehen haben muss, Band 1
ISBN 978-3-7408-0801-3

Ralf Koss
111 Orte in Dortmund, die man gesehen haben muss
ISBN 978-3-7408-0649-1

Garnet Manecke, Vera Anders
111 Orte in Mönchengladbach, die man gesehen haben muss
ISBN 978-3-7408-0606-4

Bernd Imgrund
111 Orte in der Eifel, die man gesehen haben muss, Band 2
ISBN 978-3-7408-0552-4

Fabian Pasalk
111 Orte in Essen, die man gesehen haben muss
ISBN 978-3-95451-924-8

Ralf Koss, Stefanie Kuhne
111 Orte im Ruhrgebiet, die uns Geschichte erzählen
ISBN 978-3-95451-415-1

Bernd Imgrund
111 Orte im Kölner Umland, die man gesehen haben muss
ISBN 978-3-89705-777-7

Markus Danner
111 Orte in Leverkusen, die man gesehen haben muss
ISBN 978-3-95451-849-4

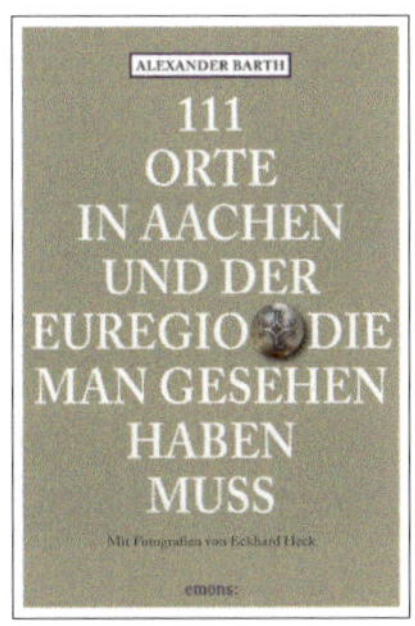

Alexander Barth
111 Orte in Aachen und der Euregio, die man gesehen haben muss
ISBN 978-3-89705-931-3

Martin Roos
111 Orte in Zeeland, die man gesehen haben muss
ISBN 978-3-7408-1602-5

Thomas Fuchs
111 Orte in Nordholland, die man gesehen haben muss
ISBN 978-3-7408-0553-1

Thomas Fuchs
111 Orte in Amsterdam, die man gesehen haben muss
ISBN 978-3-95451-209-6

Eckhard Heck
111 Orte in Maastricht, die man gesehen haben muss
ISBN 978-3-95451-368-0

Kay Walter
111 Orte in Brügge, die man gesehen haben muss
ISBN 978-3-7408-1712-1

Kay Walter, Rüdiger Liedtke
111 Orte in Brüssel, die man gesehen haben muss
ISBN 978-3-7408-0128-1

Alexander Barth
111 Orte in Lüttich, die man gesehen haben muss
ISBN 978-3-95451-925-5

Joscha Remus
111 Orte in Luxemburg, die man gesehen haben muss
ISBN 978-3-7408-0363-6

Barbara Kemmer, Frank Schmitt
111 Orte in Koblenz, die man gesehen haben muss
ISBN 978-3-7408-1994-1

Christina Kuhn, Christian Löhden
111 Orte in der Pfalz, die man gesehen haben muss
ISBN 978-3-7408-1783-1

Regina Urbach
111 Orte in und um Worms, die man gesehen haben muss
ISBN 978-3-7408-1172-3

Peter Bieg
111 Orte in Trier, die man gesehen haben muss
ISBN 978-3-7408-1294-2

Peter Friesenhahn, Elisabeth Friesenhahn
111 Orte im Hunsrück, die man gesehen haben muss
ISBN 978-3-7408-1090-0

Stefanie Jung
111 Orte in Mainz, die man gesehen haben muss
ISBN 978-3-95451-041-2

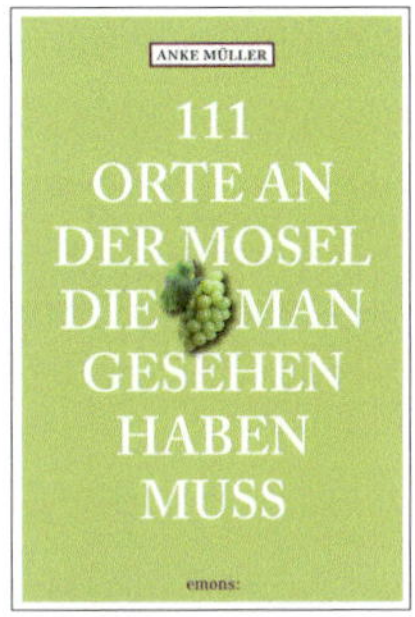

Anke Müller
111 Orte an der Mosel, die man gesehen haben muss
ISBN 978-3-95451-325-3

Christine Izeki, Gerald Roemer
111 Orte im Wendland, die man gesehen haben muss
ISBN 978-3-7408-1520-2

Uwe Grießmann, Sonja Klima
111 Orte in und um Hildesheim, die man gesehen haben muss
ISBN 978-3-7408-1421-2

Lars M. Vollmering
111 Orte in Wolfsburg, die man gesehen haben muss
ISBN 978-3-7408-1094-8

Jochen Reiss
111 Orte in und um Göttingen, die man gesehen haben muss
ISBN 978-3-7408-1353-6

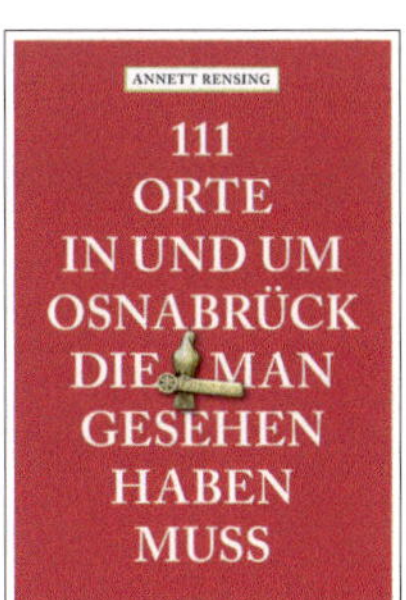

Annett Rensing
111 Orte in und um Osnabrück, die man gesehen haben muss
ISBN 978-3-7408-1194-5

Cornelia Kuhnert
111 Orte rund um Hannover, die man gesehen haben muss
ISBN 978-3-7408-1351-2

Jacek Auerbach
111 Orte in Oldenburg, die man gesehen haben muss
ISBN 978-3-7408-0249-3

Peter Eickhoff schreibt über Orte und Mythen. Für »Cotta's kulinarischen Almanach« porträtierte er regelmäßig europäische Metropolen und ihre legendären Restaurants. Zuletzt erschien von ihm im Emons Verlag »111 Orte in Düsseldorf, die man gesehen haben muss«.